心軽やかに老いを生きる

江坂　彰

PHP文庫

○本表紙図柄＝ロゼッタ・ストーン（大英博物館蔵）
○本表紙デザイン＋紋章＝上田晃郷

はじめに

日本は超高齢化社会を迎える。あっちを見ても、こっちを見ても、老人ばかりの国になりつつある。世界的にも先例がなく、もちろん日本人にとってもやることなすこと初めての経験だ。

おまけに、時代も、国も、年金も、みんな右肩下がりである。そんな日本に生きているシニアの心は、なんとも重く、沈みがちだ。人生の終着点を考え始める世代が、なんとも生きづらい世の中になってしまった。

とはいっても、人生それぞれ、生き方さまざまだ。日本だって、大震災や政治の混迷があったって、円は安くなっていかない。まだまだ世界中でも円は信頼のおける通貨なのだ。日本人は英語をしゃべれなくても、円が堂々と世界に向けてしゃべってくれている。

　私も七十歳を超えたころから、自分が年寄りであることをはっきり自覚した。エスカレーターがあれば必ず乗るし、階段の昇り降りでは手すりにつかまる。健康雑誌は読まなくなった。書いてある病気や症状がみんな当てはまって嫌になるからだ。だいたい七十を過ぎたら、他人と健康比べをしてはいけない。私の友人も、毎週ゴルフに出かけるやつもいれば、ハーレーダビッドソンを乗り回しているやつもいる。病院から今にも死にそうな声で電話をしてくる親しい友もいる。「青春とは心の若さ」だといわれるけれど、体力は落ちるのが当たり前。無理にアンチエイジングなんてする必要はない。

　年金が心配なら、働けばいい。現役時代とは違い、経験と知恵を活かしながら、損をしない程度でいい。若いときの自分探しは無駄。やる前から向いている仕事なんてわかるわけがない。好きな仕事は、年を取ってからやる。

　自分の定年は、自分で決めればいい。会社の定年と自分の定年は違いますよ。

何事も一〇〇パーセントを求めないことだ。「ベスト」から「ベター」を求める時代に入った。人生八十年となれば、孤独になるのは当たり前。でも、孤立はよくない。人の絆《きずな》が大切。一緒に仕事をしてくれる人、一緒に遊んでくれる人を大切にしよう。お金持ちより、人持ちのほうが人生は豊かになる。

だいたい、年寄りになったら、あんまり偉い人の話は聞かないほうがいい。だからこの本は、一流ではないけれど、「超二流」をめざして悪戦苦闘しながら七十五歳を超えた私の、体験的な生き方論である。私のささやかな体験が、同世代の人たちの心を軽やかにできるなら、こんなに嬉《うれ》しいことはない。

二〇一二年九月十五日

江坂　彰

章扉挿絵――市川興一
編集――武藤郁子

心軽やかに老いを生きる　目次

第二章　花のように朗らかに

第三章　星のように道しるべのごとく

第四章　山のように大らかに

第五章　水のようにゆったりと

第一章　風のように自由に老いる

人生の計画はいつ変更してもいい

「不健康で健康」が自然です

久しぶりに故郷の京都で大学時代の同窓会をやったときの話。宴会場で互いに年金と病気の話でおおいに盛り上がった。そのとき、千葉から参加した男がスッと立ち上がり「オレはそんな話を聞きに京都まで来たんじゃない」とドナった。これには私もふくめて全員がシュンとなってしまった。

とはいえ、歳をとったらおのずと話題はお金と健康のことに集約されてくる。だって、病気ひとつしたことのない元気な老人としゃべっていても波長が合わないし、退屈する。むしろ「病気自慢」のほうが面白い。むろん、これも程度の問題だが。

『徒然草《つれづれぐさ》』を書いた兼好法師《けんこうほうし》は、「友とするにわろき者、七つあり」といっている。それは「高くやん事なき人」「若き人」「酒を好む人」「たけく勇める兵」「虚言する人」「欲ふかき人」、そして「病なく身強き人」である。病気ではなく健康な人とは親しくしたくないとは、いかなることか。

精神医学者のユングは、中高年の挫折、つまり大病、失業、離婚、愛する両親・妻子の死は、人間再生へのバネになるといったが、面白みのないエリートといわれる人でも、大病をしたことのある人は、どこかに可愛げというか、人間的な魅力がある。所得倍増論の総理大臣・池田勇人《いけだはやと》は、大病をしてそのぶん出世が遅れたが、逆にそのことによって、他人の心の痛みがわかる懐の深い政治家として大成した。

そもそも、「不健康であって健康」というのが、我々年代の自然な健康状態である。あまり健康、健康と気にする必要もない。病気とも上手くつきあっていくというふうに考えを変える。健康老人にこだわることはないと思う。

そんなことをいっていた私が入院した

ところが、数年前の秋頃、にわかに体調を崩して、高熱が続いた。かかりつけの医者にいくと、大きな病院へ紹介状を書いてくれた。検査の結果は胆のう炎で、入院・手術とあいなった。

私の身体は丈夫とはいえないが、幸いにも手術はおろか、入院も今までしたことがない。担当医から「きっとパニックを起こしますよ」といわれた通り、見事にパニック状態になってしまった。それでも、担当医をはじめ、病院関係者や家族のおかげもあって、なんとか二週間の入院で帰還することができた。

この二週間は、個室に入っていたが、珍しく家内や娘と家族の会話ができた。テレビドラマじゃあるまいしと、今まで家ではそんなに会話を交わすことはなかったが、久しぶりに話をしていると、ぬくもりのようなものを感じた。人間、孤独に強くなるのは必要だが、孤立はだめだな、そんなことを感じた次第。

もうひとつ感じたのは、人間はある面では欲張りなものだということ。お金を持っているけど、病気に苦しんでいる人は、健康な身体がほしいと思う。健康だけれど、お金がない人は、お金がないから自分の人生はだめだと思う。そうではなくて、真ん中でいいじゃないかと思う。老子《ろうし》の「足るを知る」という言葉の意味がよくわかった。

病気のおかげで人生変更

亡くなった河合隼雄《かわいはやお》さんと対談をしたことがあったが、「人生は51対49で満足すればいいんです」といっていた。歳をとれば、楽しいことも、悲しい

 こともたくさん見てきた。楽しいこと、嬉しいことが51ならば、それでいいのではないか。

広告代理店時代に、石原裕次郎さんと一緒に仕事をしたことがあった。ホテルのバーでグラスを片手に「僕は名誉もお金も手に入れましたが、本当はタフでないのに、タフな裕次郎を演じ続けなくてはなりません。何かと不自由なものです」と語った。その後で「人生なんて、50対50、フィフティ・フィフティでいいんだと思います」と続けた。

病気をする前に、私も彼らとおなじようなことをいったり、書いたりしてきた。でも、恥ずかしながら、今ようやく「頭でわかる」ことと、「心でわかる」ということは違うということが理解できたような気がする。

と、まあ、病気の前と後でいろいろな変化があったのだが、さて、その中でも最大の変化は何か。

じつをいえば、入院当初もうそろそろこのへんで「隠居《いんきょ》生活」に入るつもりだった。仕事や世間から距離をとりながらのんびりと、なんてことを考えていた。ところが、退院してから、物書きとしての仕事に、俄然、挑戦したくなってしまったのだ。

趣味のない私は、仕事が趣味のようなものだが、それで生涯通せばいいんだと思えるようになった。決して遊んでいる人を軽蔑しているわけではない。私には、マージャン・カラオケ・ゴルフを楽しむ能力がないのだから仕方がない。遊びが好きな人は、大いばりで遊べばいいのだ。自分の納得できる生き方をすればいい。人生の計画なんて、その都度変更すればいい。病気のおかげで人生変更。

目下、体力を取り戻すために歩くことを日課にしている。六十年近く吸い続けてきたタバコも止《や》めた。

だが、禁煙はいつまで続くやら自信がない。体力が戻れば、また吸うかもしれない。人生の計画は、変更してよいのだ。

人を助けて感謝される仕事を見つけよう

自分に合った仕事は定年後に見つかる

団塊世代が定年を迎える二〇〇七年問題というのが話題になった。ところが、六十歳になったらみんなが年金をもらうという時代ではなくなったし、六十歳ですっぱりリタイヤする人は実は多くなく、なんらかの形で働いている人が多いようだ。団塊世代がみんな年金をもらうようになる六十五歳まで働くとすると、二〇一二年問題といわれるのだろうか。

一昔前に、ある講演会で「これからの日本企業は浮き沈みが激しくなる。

年功序列、終身雇用などなくなり、労働寿命が長くなる」と話した。すると若い人が「八十歳くらいまで生きる時代に、六十歳で会社をおっぽり出されれば、あと二十年もある。終身雇用なんてとっくに崩れているんじゃないですか」と返され、「なるほど、一本取られた」。

定年退職のないアメリカでは、七十歳くらいまで働く人が多い。だいたい、日本人が「人生六十年」だったころは、仕事を辞めたらコテンと死んでしまったものだった。

それが今では人生八十年時代。私はこれを「人生二毛作時代」の到来だといい続けてきた。人生の一毛作目《いちもうさく》は会社で働く時期で、昔は一毛作で人生が終わってしまうケースが多かった。でも、今の時代こそ、やりたいことが思う存分できる二毛作目《にもうさく》が目の前に広がっているのだ。

だから、「歳をとったら好きな仕事をしなさい」といっている。今の若い世代には、フリーターや派遣労働者が増えている。経済や社会の情勢ももちろんその要因だが、「自分に合った仕事がない」と理由をあげる若者が多い。

私はそれは違うと思う。もともと自分に合った仕事などあるわけがない。仕事をしながら自分の可能性を探していくものなのだ。

何が自分に合っているかわからないで就《つ》いた一毛作目の仕事から解放されるならば、定年後こそ自分に合った仕事探しをしたほうがいい。やっとその自由を手に入れることができたのだ。

大リーグで打率四割を記録した〝打撃の神様〟テッド・ウィリアムズは引退後に故郷へ帰り、子供の頃からの夢だった釣具屋の親父として余生を楽しんだ。カッコいいな。

日本でも伊能忠敬《いのうただたか》は五十歳で隠居をしてから、再勉強して、全国の測量をはじめ、「大日本沿海輿地全図《だいにほんえんかいよちぜんず》」という日本地図をつくりあげた。

私の知り合いの元商社マンは、京都で外国人相手の観光ガイドをしている。広告代理店の元役員で、今は庭師をやっている人も知っている。

定年後に農業に就く人もいるし、新しい仕事に挑戦している人はたくさんいる。小遣いプラスアルファ程度くらいでよいと割り切れれば、仕事はいくらでもある。お金よりも若い頃の夢の実現でいいじゃないか。

そのためにも、サラリーマンは五十歳を超えたら、少しずつ心情的に会社離れをするトレーニングをやったほうがいい。五十代後半ともなれば、サラリーマンの勝負はもうついているだろう。五十歳を過ぎたら、年賀状なんて会いたい人、つきあいたい人にだけ出せばいい。会社を離れたらバイバイする人になんて出しても出さなくともよろしい。

忙しさを上手に生活の中に取り入れる

ビジネス・スクールの中で最も有名なのは、アメリカのハーバード・ビジネス・スクールだろう。実は、もっと優秀なスクールはある。でも、世界中からビジネスエリートが集まるハーバード・ビジネス・スクールで培《つちか》うことのできる一流の人脈には、他のスクールは敵《かな》わない。仕事は個人の力だけでできるものではなく、人間関係の中でやっていくものだということのひとつの例といえるだろう。

会社の仕事というものは、チームプレーであっても、個人プレーでもある。だから能力給というものがあるのだ。では、そのサラリーマンの能力とは何か。大切なのは「人を助けられる」能力だと私は思う。

ついでながらいうが、アメリカのエリート・ビジネスマンがそのように、本当に能力のある人ほど、能力主義、実力競争のこわさを知っている。この世の中実力だけで勝ち抜けるほど甘くない。運もあれば時勢もある。そのためのリスク・ヘッジが人脈（平たくいえば共助《きょうじょ》）である。

今の時代、「自己責任」という言葉があちこちでうるさくいわれる。もちろん、それは大事なこと。でも、その自己責任の中に、「共助」の補助線を引くことが大切だ。

技術者としてがんばって働いてきた人は、働いた分だけの技術の蓄積が必ずある。それを日本や外国で教え、助ける。感謝され、ささやかかもしれないがお金ももらえる。それでいいと思いませんか。

〝生きがい〟は、自分の中だけで「これがそうです」と完成するものではない。周りとの関係性の中で生まれてくるものなのだ。そのために、周りの人に喜んでもらうことが大切。

繰り返すが、見つけようとする気持ちがあれば、やりたい仕事は見つかりますよ。しかも、二毛作時代は好みで選ぶ自由もある。

現役時代は、目の回るような忙しさの中に、ささやかなゆとりと楽しみを探していた。これは「忙中閑《ぼうちゅうかん》あり」。定年後は、たっぷりと手に入った時間の中に仕事の忙しさを上手に取り入れる。これが「閑中忙《かんちゅうぼう》あり」。不況の時代、年金不安の時代でも、六十歳からはこれでいきたいものだ。

「卑《ひ》」でない限り
おおいに「バカ」であれ

白洲次郎が今なぜ人気なのか

ＮＨＫのドラマに取り上げられるなど、白洲次郎《しらすじろう》がまた静かなブームになっているようだ。明治生まれにして一八〇センチを超す長身、端整な顔立ち、英国留学で身につけた洗練された身ごなし。戦後にはＧＨＱと堂々とわたりあい、「従順ならざる唯一の日本人」といわしめた。まさに男も惚《ほ》れる品格ただよう人物だ。

ただし、この人の生き方は例外と考えたほうがいい。芦屋《あしや》のボンボンとして生まれ、小遣い銭たっぷり、神戸一中時代から車を乗りまわし、さらに英国に留学し、マナーは超一流、東北電力の会長や軽井沢ゴルフ倶楽部の理事長などを歴任、日本で初めてジーパンを履いたとされ、八十歳になるまでポルシェ911を乗り回す……。日本には数少ない本物のブルジョワですな。普通の日本人が真似なんてしようと思ったらしんどい。

私なんぞ、テーブルマナーはあまりのひどさに女房に怒られ、ワインはわからず、ゴルフもチャランポラン式。白洲さんの品格の足元にも及ばない。ただし唯一、自分は「卑《ひ》」ではないつもり。

城山三郎《しろやまさぶろう》さんが書いた『粗《そ》にして野《や》だが卑ではない』という本がある。三井物産で華々しい業績をあげ、七十八歳で財界人から初めて国鉄総裁になって数々の改革に挑んだ硬骨の人・石田禮助《れいすけ》の生涯を描いたもので、このタイトルは国鉄総裁に就任して初めての国会で自らを紹介したときの言葉からきている。私は品格という言葉を思い浮かべるとき、「粗」であっても、「野」

であってもいいが、「卑」であってはならないと考える。

では、「卑」ではないということはどういうことか。

まず第一に、人をうらやまない、嫉妬しないことだと思う。若いときの嫉妬は、ある面では必要だ。それは向上心に結びつく。でも、高齢者の嫉妬は、皆に軽蔑される。今さら向上心でもないし、結果はもうついているんだから。

第二には、世間に恥じることをしないということ。昔、藤本《ふじもと》義一《ぎいち》さんと対談をしたときに、「江坂さんは株をやりますか」と聞かれた。「やりません」と答えると、「だからあなたは経営評論家として信用できる」といわれた。元来経営評論家なんてものをやっていると、いろいろな情報が入ってくる。負けず嫌いなこともあって、株をやったらインサイダー情報で儲けようと、突っ走ってしまったと思う。それがわかっていたから、株には手を出さなかった。

私はむしゃくしゃして大声が出したくなると、阪神の応援に行って「〇〇のアホー」とやる。勝ったら『六甲おろし』を声をはりあげて歌う。十分に「粗」だし「野」だし、バカなことばかりやっている。けれど、少なくとも自分で自分のことを「卑」と思うことのないよう、先ほどの二つのことは守ってきたつもりだ。

かといって、歳をとってまで縮こまってしまう必要なんてない。T・S・エリオットというイギリスの詩人・劇作家が、「もう私は老人の知恵などは聞きあきた。むしろ老人の愚行が聞きたい」と書いている。歳をとったら、「卑」ではない限り、大いにバカなことをやりましょうや、といいたい。

夫婦はホンネでしゃべり、裏も見せ合う方がいい

白洲次郎の魅力は、まさにその品格にあると思う。英国に留学したときに、貴族たちとの濃密な交流から、身分の高いものはそれに応じて果たさな

くてはならない社会的責任と義務があるというノブレス・オブリージュを身体の芯から学んできた。

ノブレス・オブリージュは、なかなか日本人には実感しづらいものだ。それは、これが階級社会とセットになっているから。ヨーロッパやアメリカの社会では、金持ちの慈善事業や寄付をよく目にするが、これは裏を返せば、それだけ大きな所得格差があって、貧しさから抜けられない人が多いということでもある。日本はそれがないからハッピーなのだ。

その代わりといっては何だが、日本にはホンネとタテマエがある。そりゃ、こんな狭い国土に一億人以上の人間が暮らしていれば、ホンネだけだったら、どつきあいになってしまう。

そんなことから、白洲さんがいった「夫婦はいつも一緒にいないことが長続きの秘訣」という言葉がおもしろい。白洲次郎の奥さんは、骨董《こっとう》の目利《めき》きであり、文才にも優れた白洲正子《まさこ》さん。本当の恋人は西行《さいぎょう》さんとのたまう。まさにこの夫にして、この妻あり。そんな次郎さんでさえ、いや次郎さんだからこそというべきか、夫婦は一緒の趣味を持ったり、一緒に行動しないことをすすめている。

女房には、軽蔑はされたくないが、尊敬もされたくない。しんどい。そうは思いませんか。わが女房は、私の書いた本なんぞ読んだことがない。私も女房の行く先にくっついて行くこともない。

もし夫婦の間にも品格というものがあるとするならば、弱いところ、甘いところを見せてなお、信頼し合えることなのではないかと思う。

親子関係は切っても切れないものだが、夫婦関係は人工的なもので、元は他人。だからこそ、女房とはホンネでしゃべり、たまにはほんとうの自分を見せないとしんどいものだ。「裏を見せ　表を見せて　散る紅葉」（良寛《りょうかん》）でいきたいもの。

勝ち組でもなく負け組でもなく「負けない組」を目指そう

投資は買うより売るほうが難しい

前項で、私が株に手を出さない理由に触れた。経営評論家なる肩書きでメシを食ってきた私には、インサイダー的な情報が入ってくる。小心なくせに負けず嫌いな性格だから、きっと突っ走ってしまうだろうとわかっていた。だから手を出さなかった。仕事柄、講演会はたくさんやったが、証券会社からの依頼は引き受けなかった。

現在は、誰もが株に手を出したくても出せないほどのデフレ不況だ。しかもそれは欧米をふくめ世界の先進国の共通の現象である。連日、株価が下がった、いや底を打った、こりゃ底抜けする、といった具合で、株を持っている人は心が安らぐことはないだろう。

はっきりいいましょう。もうしばらく、株はやめておきなさい。今の不況は、想像以上に根が深い。

バブル経済がはじけたときも、株価が下落し、円高状態になった。けれど、輸出業や製造業は健在だった。今回サブプライムがアメリカで破裂した当初、ある評論家は「蜂に刺されたようなもの」なんていっていた。実体経済にはそれほど影響は及ばないということですな。

ところが今や、あらゆる分野で寸分先の見通しが立たない状況だ。ましな分野をしいて探せば、食品くらいなものか。

株というものは、「投資」と「投機」の裏表があるギャンブルみたいなものだ。ギャンブルで一番大切なことは何か。それは「いかに勝つか」ではなくて、「いかに負けないか」。素人ほど勝つことに血道をあげて、ドツボにはまっていく。勝つことよりも、負けないことの方が重要だし、難しいものなのだ。

だいたい、投資の世界に元本保証で利益があがるものなんてあるはずがない。日本人の投資は、世界的に見てちょっと違っている。著書『日はまた沈む』で日本のバブル崩壊を予測し、その後『日はまた昇る』で日本経済の復活を予測したビル・エモットは、「株もゴルフ会員権も売ってこそ利益がでる。買うだけなら誰でも買える」「日本人は株は買うより売る方がむつかしいことを知らない」といっている。

経済が右肩上がりの時代に身を置いてきた七十歳くらいまでの世代は、買うだけでよかった。でも今は違う。まさにエモットがいうように、投資は買うことよりも、売ることのほうが難しいのだ。

「安全第一」「負けないこと」を心がける

さきほど述べた「元本保証で利益のあがる投資商品はない」というのが、今の時代に一番頭に入れておかなくてはならないこと。ついでにいっておきますが、投資信託も株の一種ですよ。

あと二つほど、もう少し具体的なアドバイスをする。それは「十五分以内の説明で納得できなければ買わない」と、「夫婦どちらか一人でやる」ということだ。

世の中には相変わらずインチキ商法があふれていて、だまされてしまう人が多い。インチキではないけれど、証券会社や銀行からも売り込みにくるだろう。そのときは、商品の長所と短所が十五分以内で説明できて、それで納得できれば買っていい。十五分で納得できないものは、買ってはいけない。

おかしい、と思ったときは、二、三人集めて聞くこと。大阪のおばちゃんは、そんなええ話なら一人で聞くのはもったいないがな、と近所の人を呼ぶから、やましい相手は青い顔をして逃げ出す。

年金の少なさ、近寄らぬ子供夫婦、引き込もりになったわびしい人ほどだまされる。一人暮らしの親がいたらよほど注意しなくてはならない。これからの敵は、「利」と「さびしさ」の両方を攻めてくる。

そしてもう一つ、投資は「夫婦どちらか一人でやれ」ということも大切だ。パチンコで身を持ち崩すケースの共通点、知ってますか。近頃のパチンコはギャンブルのようなもの。あっという間に何万円のお金が飛んでいく。これを夫婦一緒にやれば、歯止めがきかない。消費者金融などで身を持ち崩すケースがふえている。それは、夫婦二人でやっているケース。どちらか一人が歯止めになって、ブレーキをかけないといけない。

とにかく「安全第一に考える」「負けない」ことが重要。それでもお金が余っている人は、一割くらいなら株でも買いなさい。ただし、儲けたら売って、損をしたらさっさと売る。

衣・食・住さえあれば、人間は何の不自由もない。「住」は効率から考えれば借家のほうが得。しかし、七十歳を過ぎたらなかなか貸してくれなくなる。将来の不安を解消するために、ローンでも家は買っておいたほうがいいと思う。家は商品としてではなく、将来の安心として買う。いざとなったら売っぱらってしまえばいい。

家以外のものは買わない。待つ。それが「負けない」ことにつながる。「負けない」覚悟を持つべきときだ。「勝ち組」になる必要なんてない。「負け組」にもなりたくない。目指すのは「負けない組」だ。

考えてもみてほしい。日本が高度経済成長を達成できたのは、「負けない」ことの積み重ねがあったからだ。アメリカの後ろについて、取り入れるべきは上手に取り入れ、真面目によいものをつくり続けた。日本人は「負けない」ことが得意なのだ。

今はお金儲けに一番くわしいはずの「勝ち組」だった金融機関が大損をしている。最先端の金融工学が失敗をしている。このことからも、素人が何をすべきか、いや何をするべきでないかがわかる。

今の時代は、儲けようとしないこと、負けないことが、勝ちにつながるのだ。

定年後の仲間づくりは「親友」ではなく「友人」「知人」で十分

福沢諭吉には親友がいなかった

最近、福沢諭吉《ふくざわゆきち》にやや凝っている。いろいろ調べてみると、奥深い知恵の人だとよくわかる。そんな福沢に、「友人」について述べた言葉がある。

「莫逆《ばくぎやく》の友なし」

莫逆の友、つまり親友がいないというのだ。福沢は緒方洪庵《おがたこうあん》の適塾《てきじゆく》に学び、後には慶應義塾《けいおうぎじゆく》を創設する。弟子も多い。福沢山脈といわれるほど。財界人や政界人とのつきあいもあまたあった。そんな福沢が、親友がいないという。

私はかつてある本で、「親友なんていなくてよろしい。友人知人で十分じゃないか」と書いた。だいたい、人に「この人が親友です」なんて紹介したら、皆しらけてしまう。親友とは運命的な出会いをして、『走れメロス』ではないがその人の身代わりになることを厭《いと》わないほどの人のこと。これは少ない。福沢が「いない」というのもむべなるかな。

最近の若い人は、親友を求めすぎている。これは適当につきあうことができないことの裏返しだ。いつも裏切られることを恐れている。だから深い友だちづきあいができないのだ。

長きにわたって信頼関係を築くのが「友人」。その場その場でギブ・アンド・テイクで成り立つ関係、これが「知人」。どちらも必要だが、極端な話、知人だけでも十分ではないかと私は思う。

岸信介《きしのぶすけ》は、長生きの秘訣を聞かれて「不義理をしてきたから」と答えた。

調子が悪い時は、お見舞いにも行かなかったそうだ。そんな不義理も「友人」なら許してくれる。「知人」ならなおさら。人生の深みは、こういうところにある。

『徒然草』で兼好法師は「よき友はものくれる友」と書いた。私はこれに兼好の凄みを感じる。拡大解釈をすれば、一緒に遊んでくれる友、とか、一緒に俳句をつくれる友などが、よい友だろう。私は「仕事をくれる友」に恵まれていた。これも「ものくれる友」だ。

兼好は「医者の友」もよい友といっている。人生八十年時代を迎え、ますます病気に苦しむ老人が増える。老人は医者に病気を治してもらいたいのではない。不安を聞いてほしいのだ。長寿社会においては必然的だが、親切に話を聞いてくれる人、必要な人を紹介してくれる人が、よい友である。

もう一つ、友人間で気をつけなくてはいけないのは、「お金」の問題。身内を除いて、お金は貸さないのが鉄則だ。敢えて貸すときは、戻ってこないと思うべし。「情けは人のためならず」という諺《ことわざ》はダブルミーニングだ。情けを人にかけておけば、後で得をするという意味と、もう一つは情けをかけたら人は自立できないという意味だ。

それと、私は「知恵ある友」が大切だと思う。これがあれば人生を踏み外すことはない。政治家でいえば、ワインで醜態をさらした元財務大臣や、人妻相手に遊んでいる元官房副長官などは、知恵ある友がいないからあんなことになる。耳に痛いこともいってくれるのが友だ。

嫌いな人とつきあわない定年後の自由

友人は、いくらでも求められる。定年退職をしたら、会社の人とのつながりである「社縁《しゃえん》」を切れ、という人がいるが、ずっとつきあえばいい。共通の思い出がたくさんある。最高の酒の肴だ。

「学校縁」も、小中高大とたくさんあるだろう。

「地縁」は、生まれ故郷と今住んでいるところがある。私も京都と東京と二つ持っている。もっとも今住んでいるところの地縁は、女房にはかなわないが。

そんな時は、女もすなる井戸端会議を男もすればいい。グチとゴシップのない世間話など面白くもなく、ストレス解消にならない。イギリスのパブなんぞ、男の井戸端会議の場みたいなものだ。

こんな風に、人貧乏《ひとびんぼう》しない方法はいくらでもある。でも、現役時代のつきあいはほどほどでよい。友人が少なくても困るが、多いのも困りものだ。長く、浅く関係を保つ「ほどほど」がよろしい。

定年をしたら、せっかく嫌いな人とつきあわない自由が手に入ったのだから、去る者は追わずでいい。でもけんか別れは最低だ。それとなく疎遠になるくらいがいい。「あいつは変わった」と皆よくいうけれど、じつは自分も変わっているものだ。

定年後は新しい仲間づくりに精を出そうと考えている人も多いだろう。けれど、定年後は「ほどほど」のつきあいの知人でよろしい。うまくいけば友人になる、くらいに割り切っておくことだ。無理に友人をふやそうとする必要はない。波長が合わないなら潔くあきらめることも大事なことだ。無理をしないで新しい友人をつくることは大切なことだが、見回してみれば、身の回りにいっぱいいるじゃないか。

一番いい方法は、定年の二年前くらいから、これからつきあいたい人に年賀状を出すことだ。必ず返事が返ってくる。電話もかかってくるだろう。「そのうち会いましょう」ではなく、「今会いましょう」とやるのだ。

ゴルフ仲間でも、ゲートボール仲間でもいい。遊び仲間をつくることだ。でも、若い人を入れないといけない。俳句でも、カラオケでも、若い連中を入れないといけない。老人仲間だけというのは嫌ですな。これ私の独断。

テーマを見つけて楽しみながら本気で読書をしよう

頭、体、人がボケに効く

私も後期高齢者の仲間入りをした。少し前に手術で生まれて初めての入院をしたし、ご同輩たちと同様に「ボケる」ことが心配の種だ。

医者にボケ予防の秘訣を聞くと、最良の方法は「頭を使う」ことと、「体を動かす」ことだそうだ。なるほどとは思うが、そうはいってもなあ、とも思う。体を動かすことには大きな声を出すことも含まれるそうで、年がら年中お経を唱えるお坊さんがみんな元気なのはこれだろう。

私は、これに「人貧乏をしない」ことを加えたい。人貧乏とは、人に困っていること。友人、知人がいない人のことだ。刺激というものは、人が与えてくれるもの。人貧乏では、ボケを防ぐよい刺激が得られない。

さて、「頭を使う」のに一番いいこと、それは「読書」に勝るものはあるまいと思う。

何しろ日本人は昔から読書好きだ。字を読み書きできる人の割合を表す識《しき》字《じ》率は、江戸時代でも五〇パーセントくらいといわれ、これは当時世界で最高だったとされている。

まず武士には藩校があり、幕府には（昌平坂《しようへいざか》）学問所があった。私塾も多くあり、幕末には吉田《よしだ》松陰《しよういん》の松下村塾《しようかそんじゆく》が萩《はぎ》にあり、明治の人材の半分くらいを輩出した。緒方洪庵が大阪・船場《せんば》に開いた適塾からは、多数の医師や大村益次郎《おおむらますじろう》、福沢諭吉などの俊英が出た。庶民には寺子屋《てらこや》があり、読み書き算盤《そろばん》が広く教えられた。商人だって、読み書き算盤ができなければ番頭さんにもなれなかった。

江戸時代には町内にご隠居がいて、これが博学な読書人だった。町内の人は何か困ったことがあると、「ちょいとご隠居さん」と相談に行って、ご隠居は読書などからの広範な知識と人情の機微に満ちた経験から、的確なアドバイスをしてくれた。こんなことが、意外とご隠居たち江戸のシニアのボケ防止に役に立っていたのかもしれませんな。

現在、日本の出版界では、年間の書籍発刊点数は実に七万五千点ほど。単純に三百六十五日で割れば、毎日二百点を超える本が発刊されている勘定だ。また、日本の俳句人口は一千万人ともいわれる。

外国人が日本に来ると、ホームレスが新聞を読んでいる光景を見てびっくりするそうだ。

活字離れなんてことがいわれて久しいけれど、そんなことはウソだ。日本人には連綿と読書好きの遺伝子が伝えられているのだ。

時代小説と歴史探偵の愉《たの》しみ

私は長いすに寝転んで好きな本を読み、疲れたらウトウトすることが何より好きだ。以前『週刊新潮』で「私の趣味」というコーナーがあって、私にも声がかかった。趣味なんてものはとんと思いつかない。そこで「昼寝」と小声で正直にいったら、なかなかの反響があったそうだ。

男にとって最高の書斎とは、読書も昼寝もできる場所だ。もっとも、定年後の殿方たちは、ダイニングルームで寝転びながら本を読んではいけない。ダイニングルームは「女房殿の城」だ。ここに侵入すると女房に嫌われる。

私は時代小説にはまっているが、歴史を調べ、裏を探り、推理をする「歴史探偵」になると面白いですよ。

源《みなもとの》義経《よしつね》の奥州《おうしゅう》逃避行。安宅《あたか》の関所を通るために弁慶《べんけい》が義経を打ち据えたという、歌舞伎で演じられる「勧進帳《かんじんちょう》」は、あんなこと実際はなかった。頼朝《よりとも》は先の先を見ていて、平家を滅ぼした後、武家政権樹立の邪魔は奥州藤原氏と見抜いていた。判官《はんがん》びいきの人には怒られるが、わざと見逃して藤原氏のもとへ追いやったのが真相だろう。

信長《のぶなが》が明智光秀《あけちみつひで》の反逆で斃《たお》れた本能寺《ほんのうじ》の変《へん》。その原因として、「リストラへの先制攻撃」「天下取りの野心」「朝廷や公家《くげ》のそそのかし」「偶然」などの説が巷間で語られるが、何しろ用心深い信長の周囲に、この時ばかりは護衛の兵がいなかったところを襲われた。これらの動きを読んでいたのが、中国大返しをした秀吉《ひでよし》と、堺からの脱出に成功した家康《いえやす》だ。信長が生きていれば、信長を頂点としたヨーロッパの絶対王政のような世の中ができあがっただろう。秀吉の出番はないし、家康はすでに子分にさせられていた。秀吉は事前に道路を整備して、食料を準備してシミュレーションをしていたのだ。陰謀ではないにしても、秀吉と黒田官兵衛《くろだかんべえ》の策だ。

幕末の坂本龍馬《さかもとりょうま》暗殺。武力討伐を龍馬に阻止された薩摩《さつま》藩が黒幕という説や、郷士《ごうし》である龍馬の突出を嫌った故郷の土佐《とさ》藩が黒幕だという人もいる。あるいは「いろは丸」事故で、龍馬におどされ、大金をまき上げられた紀州《きしゅう》藩か。

三つの例を挙げたが、どれか一つだけでも十分に小説が書ける。歴史の面白さはこんなところにもある。

五年間、テーマを見つけて楽しみながら本を読み、勉強すれば、その道のプロになれる。これは老後の最大の贅沢な楽しみ方だ。

文学や古典を読み込みたい、俳句を詠みたい、考古学の発掘がしたいと、社会人になってからやりたくてもできなかったことがあるでしょう。それを楽しむことができるのが今ですよ。

そんな学ぶ喜び、読書の楽しさを、子供や孫に教えることも、シニアの大切な仕事。それがひいては、青春の取り戻しにもなるのだ。

第二章　花のように朗らかに

シニアライフは京都スタイルでいこう

京都の企業が元気な理由とは

私は京都の生まれで、この街で大学までを雅《みやび》に（これはウソ）過ごした。京都といえば、何といっても世界的にも観光で有名。でもそればかりではない。任天堂、京セラ、堀場製作所、ワコール、村田機械、村田製作所、オムロン……京都にはユニークな企業が目白押しだ。これはなぜか。

まず第一に、首都圏や中部地区、阪神地区にあるような、下請けが構成するような企業城下町ではなかったことがある。中堅企業でも、「ナンバー

1」「オンリー1」にならないと生きていけなかった。生産量では対抗できないというマイナスをプラスにしてきたのだ。

第二に、京都の経営者は「和して同ぜず」だったこと。人と〝協調〟はするが、安易に〝同調〟をせず主体的に動く。任天堂の山内さんは大リーグ・マリナーズの実質的なオーナーだし、ロームの佐藤さんは音楽家のパトロン役、京セラの稲盛さんは民主党の後ろ盾となっている。日本電産は買収の達人だ。それも無理やりにではなく、頼まれてやる。敵対的買収は絶対やらない。みな、自分の道を見定め、ぶれずに思うところを突き進んでいる。

そして第三に「ヒト」。モノの生産量ではたいしたことはないが、人材の供給数は東京に匹敵する。まず大学の数が多い。京大、府立大、府立医科大、有名私立大学もあまたある。ノーベル賞受賞者も多く輩出している。物事の基本は、やっぱりヒトですな。

第四に、これがとても大きな要素だが、「京都ブランド」をつくったこと。裏を返せば、東京の真似をしなかったということだ。「千年の都」というけれど、京都は古くて新しい。ゲーム業界でトップを走り続けている任天堂だって、元は京都で花札《はなふだ》をつくっていた会社だ。それがトランプになり、ゲームになり、今やエンタテインメントのトータル企業となった。

「不易流行《ふえきりゅうこう》」という言葉がある。不変なる「不易」と、変化していく「流行」は、本質的に対立するものではなく、どちらかに徹すればうまく結合するものだ。世界に通用する京都ブランドという一見「不易」に見えるものも、突きつめれば「流行」を得ることもできるのだ。

料理もそうだ。京都に来なければ食べられないものが数え切れないほどある。おみやげもそう。これが京文化のいいところだ。

九条《くじょう》ねぎや聖護院《しょうごいん》かぶらなどの京野菜なども、地方でも参考になるブランド戦略だろう。

私は奈良が好きだ。奈良には仏像がよくにあう。けれど、奈良には残念ながら、これというグルメやおみやげがない。奈良の悲劇は、都がおかれて文化が発展する前に、京都に都（公家文化）が移ってしまったところにある。東京は進取《しんしゅ》の土地だ。森鷗外《もりおうがい》流にいえば、つねに「普請中《ふしんちゅう》」。それだけに旬が短い。六本木ヒルズや表参道ヒルズなどにしても、もてはやされるのはせいぜい三年といったところ。京都では、寺にしろ料理にしろ何にしろ、千年単位がごろごろある。京都という街自体が、みんなで一緒になってつくりあげてきたブランドなのだ。

とはいうものの、私も大学まで京都に暮らしながら、「清水寺《きよみずでら》なんてただの観光寺院」と軽くみていた。けれど、今になって京都のよさがよくわかる。私の知人には、京都にマンションを買って、春と秋だけ住んでいる人もいる。

名古屋の凄いところは、優良企業ほど東京に本社を移さずに地元にとどまる。京都企業にもそれがいえる。名古屋と京都が、富と人の東京一極集中をかろうじてくい止めている。

大阪の悲劇は、工業化社会に過剰に適応してしまったことだ。工場優先だったから、大阪の真ん中には、もう誰も住んでいない。ニューヨークやパリでは、街の中心部に人が住んでいる。大阪は優良企業がいそいそと東京へ飛んでいく。大阪の地盤沈下はまだまだ続くだろう。情報発信力がなくなってしまったのだ。

シニアライフこそ京都の知恵を活かそう

私は博多や萩といった街が好きだ。その土地の人が、街に誇りを持っているからだ。千年の都・京都は、まさにみんなが誇りを持って住まう街なのだ。

そんな京都だからこそ、シニアライフに役立つ知恵に満ちている。

人と人との距離感のとり方が一番参考になる。村の濃厚すぎる距離感ではなく、町の距離感だ。親切だけれど、ここからはプライベート、というところがしっかりしている。京都では「ぶぶ漬《づけ》でもどうどす?」といわれて「じゃお言葉に甘えて」となると礼儀を知らない人と思われる、とまことしやかにいわれる。それはいい過ぎにしても、「昼飯でもどうぞ」なんていうお誘いを無闇に受けるとあつかましいといわれることがある。

これは大阪でも同じだが、「考えときます」は、断りだ。これについては、この件はご期待に添えませんが、あなたとのおつきあいは続けましょ、という裏がある。「イエス」「ノー」をはっきりいうのはみっともないという感覚ですな。京言葉は人を傷つけない。

私もずるく「すんません」を使う。断りの意味で使うし、お願いの意味でも使う。便利な言葉だ。

人生も後半になり、職場の論理からも解放されたら、人づきあいは根本的な「人対人」の対策が基本。いいたいことをずけずけいっていたら、しんどいばかりだ。ちょっとずるく、でも京都サイズの距離感を保てれば、毎日がそりゃ楽に過ごせますよ。

何事にも寛容な「仏教的生き方」がいい

日本人が好む世界観

話題になっている村上春樹の『1Q84』をたまたま読んだ。感想は……やめておきましょう。この本の中に『平家物語《へいけものがたり》』が出てきたが、「あー、村上春樹も無常観の世界に戻ってきたんだな」と思った。

私も『平家物語』は好きだ。「祇園精舎《ぎおんしょうじゃ》の鐘の声　諸行無常《しょぎょうむじょう》の響きあり
沙羅双樹《さらそうじゅ》の花の色　盛者必衰《じょうしゃひっすい》の理《ことわり》をあらわす　おごれる人も久しからず
ただ春の夜の夢のごとし　たけき者もついには滅びぬ　偏《ひとえ》に風の前の塵《ちり》に同

じ」という冒頭部分。どうです、素晴らしいじゃないですか。

日本人は、結局、こういう無常観の世界に戻るのだ。無常だからこそ、懸命に生き、働き、生きる価値がある。

そして無常とともにもう一つの日本人が好むもの、それは潔さだ。

織田信長が本能寺《ほんのうじ》で軍勢に囲まれ、桔梗紋《ききょうもん》（明智光秀の旗印《はたじるし》）が見えると報告を受けたときのセリフが「是非におよばず」。そして矢を射尽くして炎の中で果てた。

豊臣秀吉は、最期《さいご》に「秀頼《ひでより》を頼む、秀頼を頼む」と家康たちに懇願し、老醜をさらして世を去った。しかしその一方で、「露と落ち 露と消えにし我が身かな 浪速《なにわ》のことは 夢のまた夢」と、天下取りに奔走した人生を見事な辞世の句に残している。

高杉晋作《たかすぎしんさく》も「おもしろき こともなき世を おもしろく」と辞世の句を詠んだ。これに看病をしていた野村望東尼《のむらもとに》という勤王婆《きんのうばあ》さんが「すみなすものは心なりけり」なんていう余計な下の句をつけてしまったが、上の句だけでよかった。

そして、これらの辞世の句それぞれの根底に流れているもの、それが仏教的な世界観なのだ。

日本人は「あなたは信仰心がありますか?」と問われると、キリスト教徒やイスラム教徒と違って、はっきりした信仰心はないと答えるだろう。でも、お盆の墓参りなど、仏教は日本人の生活に深く根付いている。

私は親鸞《しんらん》が好きだが、最近わかってきたのは、法然《ほうねん》や親鸞の他力《たりき》信仰と、道元《どうげん》の自力《じりき》の考え方は、一見すると反対側にあると思えるが、実は求めるところは同じだということ。

法然や親鸞は煩悩《ぼんのう》のある自分がひたすら念仏を唱えることで救われると教え、道元はひたすら禅をやれと説く。だいたい、人間というものは、煩悩を断ち切れないものだ。たとえどんなに厳しい修行をしても、煩悩から脱することはできない。親鸞など、妻帯はする、肉は食べるなど、まさに煩悩に真正面から向き合った。

人間は、煩悩から逃れられないもの……それを認めてくれるのが、仏教の素晴らしいところなのだ。仏教は正義を語らない、そしてこの世に絶対的な善も悪もないとする。一神教ではないし、何より寛容性にあふれている。他宗教に対する偏見もない。さらにいえば、仏教は「幸福」も語らない。

私は親鸞の教えをまとめた『歎異抄《たんにしょう》』をときどき読むが、「わがこころのよくてころさぬにはあらず」という言葉など、実に身にしみる。私もサラリーマン時代は、公平な人事をしてきたつもりだ。しかし、今思い返せば、ライバルや優秀な部下をたくさん〝ころして〟いる。「お前のために怒っているんだ」なんてセリフはウソ。自分のために怒っていた。

親鸞は「弟子一人も持たず」と宣言し、阿弥陀《あみだ》様の本願《ほんがん》を信じて念仏する人を「御同朋《おんどうぼう》」と呼んで平等を説いた。師も弟子もない。これは弟子に学ぶことが好きだった吉田松陰の教育の視点にもつながる。

曖昧さを大切にする仏教

そんな、ある意味で曖昧な部分を包含する仏教だからこそ、殺伐たる世の中で苦しむ人を救ってくれるのだ。今の時代、改めて仏教の教えに人の目が向いているのは、この辺に理由があるのだろう。

アフガニスタンでのアルカイダなどの武装勢力は、イスラムの正義を頭上に掲げて「聖なる防衛戦」として戦っている。日本人の宗教観にはそういう面はないといっていい。日本人の宗教観には、「按配《あんばい》」とか「加減《かげん》」などの曖昧さがある。

誰にでも善の部分と、悪の部分がある。人は心ならずも善をし、心ならずも悪をするものだ。その両面性と不条理性を認めてくれ、救ってくれるのが仏教なのだ。

先ほども述べたように、親鸞や道元の教えは一見反対方向を向いているように思えるが、求めるところは一緒。人間の煩悩は永遠になくならない、という点が出発点だ。良寛さんも、修行の末に、子どもみたいな感覚で遊べるようになった。

日本人の宗教は、曖昧さを持ちながら、だからこそ深く生活の中に、心の中に根付いているのだ。

それと、最近は仏像も流行《はや》ってますな。日本の仏像はほんとうに美しい。東京と九州をめぐった阿修羅《あしゅら》像なんて、大人気だったそうだ。でもね、東京でやっている阿波踊《あわおど》りに何か違和感をいだくように、阿修羅像はやっぱり奈良で見なはれ、といいたいですな。仏像は、あるべき場所でその場の雰囲気と一緒に味わうものです。これぱっかりは、あんまり曖昧にしてはいけないような気がしますな。

目的は達成しなくていい

──「あきらめる」勇気が大切

「目的」「目標」の危険性

今、中高年に登山がブームだそうだ。そんな中、北海道の大雪山系《だいせつさんけい》で痛ましい遭難事故が起きた。六十代中心の、女性を含めたツアーで多数の死者が出た。

この事故を通して思ったことがある。この種のケースはこれからますますふえる。とかく貧しい時代に育ったシニア世代は、「目的」や「目標」を一度決めると、何事でもそれに向かって引き返すことなく突き進まないといけないと考える傾向が強い。今回も、登頂やツアー日程という目的を決めたら、なんとしても行かなければならないと無理をしてしまったという面があったのではないだろうか。

私は、シニアには「あきらめる勇気」が大切だと思っている。

サルトルの嫁さんのボーヴォワールは、「人生は永遠に青春だ」といった。また、ある詩人は「青春とは心の持ちようだ」といった。若い人でも年寄りくさい人がいるし、年寄りでもチャレンジ精神に富み、頭の回転も素晴らしい人もいる。だけど、年寄りは反射神経がにぶり、足腰は確実に弱っている。「老い」というものは、確かに心の持ちようだ。でも、どうにもならないのが体力。そして、体力の落ち方は個人差が大きい。年寄りの一番すごいパワーを持った人のペースに合わせたらダメ。自分のペースが何より大切になってくる。

シニアでもゴルフは楽しめる。しかし、真夏と真冬のゴルフは、体の丈夫な人の誘いなら行かないほうがいい。登山でも、無理が感じられるなら行かないこと、引き返すことも大切だ。

後ろに進んで失敗を免れる勇気

私と同い年の人で、無類の車好きがいた。それがある時、塀に車をぶつけてしまった。「自分だけの事故は、自己責任で済む。しかし、もし他人を巻き込んでしまったら……」そう考えたその人は、きっぱりと車を手放した。

私にもこんな経験がある。十数年前のことだが、京都の若手経営者を連れて、アメリカ視察旅行に行った。テキサス州のダラスに滞在中、ハリケーンが接近するとの予報が流れた。直撃の可能性は五〇から六〇パーセントとのこと。添乗員はソワソワして団長である私を見る。添乗員にとって、お客の意向は最優先事項だ。このまま旅行を続ける、といわれればそれに従わざるを得ない。若手経営者たちも、「団長、決めてください」といってくれた。

「脱出だ」。私は即、この場を離れることを決断して、飛行機を使い四～五時間かけてその日のうちにミネソタ州のミネアポリスまで一気に移動した。

さて、ハリケーンはどうなったか。

結局、ダラスには上陸しなかった。そうなると、「団長は根性なしだ」といった批判の声も聞こえてくる。

しかし、私はアメリカのハリケーンは、日本の台風とはケタが違い、街を吹き飛ばすほどの威力があることを知っていたから、この決断は決して間違っていなかったと心の中で思っていた。

さて、その数年後、ニューオリンズを、皆さんも覚えておられるだろうハリケーン・カトリーナが襲い、とてつもない被害をもたらした。日本でも大きく報道されたが、先の視察旅行に参加した若手経営者からお詫び状が届いた。「あの時は団長のことを意気地なしと思いました。しかし、たまたまハリケーンが逸《そ》れたからよかったものの、私たちが死んでいた可能性もあったのだとやっとわかりました」と書いてあった。

実は、ダラスで決断を迫られた時に私の頭に浮かんだのは、出典は忘れたが、たしか中国古典の一節だったと思う。

「前に進んで失敗する勇気より、後ろに進んで失敗を免れる勇気を持ちなさい」

この言葉が、あの日の決断をもたらした。結果的にハリケーンは来なかったが、後ろに進む勇気、つまりあきらめる勇気が大切だと強く感じた出来事だった。

「見切り千両」を忘れずに

旅行にしても、若い頃は安いツアーや飛行機やホテルでもいい。でも、シニアになったら、しっかりした代理店を選んで、それ相応の金額をかけなくてはならない。安心を買うのだ。会社の仕事ではないのだから、あきらめたり、後ろに戻ったりすることは、恥でもなんでもない。

「百名山《ひゃくめいざん》」登山がブームだそうだが、体力が落ちたら自分流の百名山、いや百低山をつくってしまえばいいのだ。四国のお遍路《へんろ》さんだって、何年かかったっていいじゃないですか。

海外なんていわず、国内旅行で十分。時間をたっぷりかけた鈍行旅行なんて、それは楽しいものだ。「定年後　狭い日本　そんなに急いでどこへ行く」だ。医者にかかって、薬を飲んでいるような人は、海外旅行はやめたほうがいい。海外で医者にかかるとべらぼうにお金がかかるし、言葉が通じないと万が一の時に取り返しがつかないこともある。

だいたい、自分を頼みにする人は、会社員時代に目標や目的をきっちりと達成してきた、自分に自信のある人だ。そんな人のほうが、歳をとるといろいろな面で危険度が高くなる。

目的を達成したいという気持ちは、もう捨てたほうがいい。「見切り千両」というでしょう？　「あきらめる」という見切りは、大切ですよ。

贅沢はたっぷりするより、ちょっぴりするから楽しい

定年したら、いい背広といいネクタイを買おう

かつて森永卓郎《もりながたくろう》さんが、年収三百万円で生き抜くための考え方と工夫を書いた本を出してベストセラーとなった。もっとも森永さんはその後、ますますエスカレートして、年収百二十万円で暮らすための本も出しましたがね。

私は「三百万円か。よし、実行したろ」と、実際にやってみた。朝、駅前までぶらぶらと歩き、スポーツ新聞を買って、ドトールで二百円のコーヒーを飲みながら、ゆっくりと読む。タバコを二本ほど吸って、「ああ、極楽」。

昼食はコンビニかスーパー、本を読むなら文庫本、旅行はグリーン車なんて乗らない。

まだまだ時代はデフレが続いている。ジーンズも九百九十円から八百八十円へ、ついには六百九十円なんてものまで出てきた。

これなら、かなり安上がりの生活をすることは、それほど苦労しなくても、結構できる。

ただね、こんなことしてて、楽しいですか？　特に、ようやく仕事や子供の教育費から解放されて、自分の時間を思い切り楽しもうと考えているシニアにとって、節約ばかりの生活は、今の時代では必要条件であるかもしれないが、十分条件ではないはずだ。

私は人生後半には、「ちょっと質素」だけれど「ちょっと贅沢」、こんなバランスがほしいと思っている。

これから定年退職を迎える人には、背広がいらなくなる。だからこそ、いい背広を買っておきなさいといいたい。いいネクタイも二、三本買っておきなさい。「いい背広を買ったって、行くところがない」という人もいるでしょう。そうではなくて、行くところをつくるんです。普段はユニクロの服で構わない。でも、いい背広を着こなして行くところをつくるんです。

かくいう私も、会社を辞めて独立したとき、女房が上等な背広と舶来のネクタイと靴を買ってくれた。新幹線もグリーン車、ホテルも一流にしなさいとのたまわった。これまで通り稼いでね、というプレッシャーをかけられたのかもしれないが、ある種の見栄と演出も必要だと感じた次第。

人は見かけが八割、いや九割というそうだが、これはもっともだと思うし、仕方のないことだ。たとえば定年で会社の名刺がなくなった人を、中身で判断しろというほうが無理だ。

帽子でもいい、スニーカーだっていい。ちょっとしたこだわりを持ち続けることが大切だ。私の知っている旅館の女将《おかみ》は、お客の靴《くつ》を見て、上客かどうか判断する。

私は毎年、昔の仲間と京都旅行を楽しんでいる。仲間には、金持ちもいれば、年金生活者もいる。そこで私は、「ホテル一流であとは質素に」という年と、「ホテルはビジネスクラスで祇園でうまいものを食う」という年を、毎年交代でやっている。

嫁さんのグループと一緒だったりすると、別々に行動して、最後にイノダコーヒで待ち合わせして帰ってくる。藤本義一さんなんか、奥さんとヨーロッパに行っても、別々の国に行って、最後に合流するそうだ。こんなふうに、ちょっとした変化を持たせることが、長続きする秘訣だ。

定年後の調査では、夫は妻と旅行に行きたいが、妻は夫以外の人と行きたいとなるそうだ。だいたいテレビドラマじゃあるまいし、長年連れ添った夫婦が、それほど会話があるわけがない。一緒に旅行に行っても、ホテルは一緒でも、行動は別々、それでいい。そんな友だちみたいな関係になったらいい。

ちょっと質素で、ちょっと贅沢がいい

日本人は、特にシニア世代はほとんど家がある。国民健康保険もある。『徒然草』で兼好法師は「第一に食べるもの、第二は着るもの、第三に眠る所、この三つさえあればこわいものなしじゃないか。もうひとつ加えるとすれば医療と薬。この四つがあれば『富めり』という」と、うまいいいかたをしている。

老子も「足るを知れば辱められず」といっている。所得格差もあまりひどくない日本という国に、感謝すべきであろう。そのことがわかるのが、年の功というものだ。

今の日本ならば、誰でも幸福が実現できている。だったら、もう何をやってもおそれることもないし、不安がる必要もないのだ。

外食だって、ファミレスだって安いやきとり屋だって十分だ。だけど、それればかりでは面白くない。ステーキにしたって、若い頃は、アメリカ産のとにかくボリュームのあるやつが食べたかった。でも、歳をとったら、国産の松阪牛をちょっとだけ食べられればいい。これならば、そんなにお金もかからないものですよ。「量的な贅沢」ではなくて、「質的な贅沢」をすることが楽しい。

だいぶ昔のことだが、高校時代の友人が独立して会社を興すとき、大阪の阪急梅田のガード下の飲み屋で酒を飲んだ。そのとき友人は、この立ち飲み屋で飲む酒がまずい、かっこ悪いと思ったら、さっさと商売をやめるつもりだといった。そして、お互いに成功しても、三年、いや五年に一度は、このガード下で飲もうよと決めて、今でもこれを続けている。

ここにも、人生における質素と贅沢のいい按配がある。

「男時《おどき》」は過ぎ去り、女性が時代をつくる「女時《めどき》」が到来

今、時代は女性が引っぱっている

なでしこジャパンの大活躍には日本中がフィーバーした。私もテレビに釘付けになった。日本人の忍耐力、タフさというものを改めて見せてもらったような気がする。粘り強い戦いぶりと選手の落ち着きのある力強い発言から、プレッシャーに対する強さというものは、どちらかというと女性の方が強いのだと教えられた。

例えばゴルフのジャンボ尾崎。全盛期は日本国内では敵なしだったが、海

外で試合に出ると、てんでダメだった。今は宮里藍《みやざとあい》を始め、何人もの女性ゴルファーが海外で互角に戦っている。男子は石川遼《いしかわりょう》が話題になっているが、海外実績まだなし。

マラソンでも、男子選手と比べて女子選手の活躍が目に付く。耐久力とプレッシャーに対する強さは、女性の方が強いのだ。

だから最近では、男子の草食系《そうしょくけい》などといわれる。女子の肉食系《にくしょくけい》も増加している。

ちょっと難しい言葉を使うと、時代によって、「男時」と「女時」というものがある。今はまさに女時だ。

瞬間的な力は男性の方が勝っている。その一方で長時間耐える力は女性の方が優れている。

工業化社会は、筋力労働中心でエネルギー優位の男時だ。現在のようにコンピュータに黙々と入力をする力が求められる社会は女時だ。

右肩上がりの経済成長時代は、生産が消費を生んだ時代で男時。現在は、消費の方が生産を生む時代で、これは女時だ。

これからは、何事も女性を中心に考えていかざるを得ない時代になっているといえる。

それと同時に、「内助《ないじょ》の功《こう》」という言葉もフィクションになった。これは江戸時代に生まれた言葉だが、武士の間にだけあてはまるものだった。江戸時代の農家や商家では、旦那も嫁も一緒に働く共働きが当たり前だった。大坂の船場の商家では、どうかすると女性の方がいばっていた。跡継ぎを決める段になると、ぐうたらな長男ではなく、優秀な番頭に娘を娶《めと》らせて家を繋いでいった。

秀吉に天下を獲《と》らせたのは、知恵も度胸もあるおね・北政所《きたのまんどころ》のはたした役割が大きい。かつて秀吉は、北陸戦線で柴田勝家《しばたかついえ》と喧嘩をして無断帰国したことがあった。居城だった長浜城でたくさんの松明《たいまつ》を灯《とも》して観劇三昧、信長に疑われないようにした……といわれているが（この程度のクサい芝居《しばい》に信長ほどの男がだまされるわけはない）、じつはこれは裏でおねが動いていた。「秀吉はどうしようもない男ですが、信長様に対する忠誠心だけは本物でございます。どうかお許しくださいませ」。信長にその才を愛されていたおねだったからこそ、秀吉は無事で済んだのだ。

おねは賢くて、ある意味で強さを持った女性だ。秀吉の天下は自分と一緒につくったという思いがある。だから、最後に淀殿《よどどの》と秀頼とともに豊臣家が滅んでもよしとしたのだ。

前田家・加賀百万石の半分をつくったのは、藩祖利家《としいえ》の妻であるお松《まつ》・芳《ほう》春院《しゅんいん》だ。関ヶ原の戦いの後、前田家が徳川家康に謀反の嫌疑をかけられると、家康と一戦交えようといきり立つ長子・利長《としなが》を説き伏せ、「さむらいは家を残せ」といい残して、家康の人質としてさっさと江戸に下った。

山内一豊《やまうちかずとよ》という凡将が土佐一国の大大名にまで登りつめたのは、まさに妻である千代《ちよ》のおかげだ。高知城には二人の像があるが、一豊よりも千代の像の方が大きく見える。

戦国乱世の時代は、夫婦はパートナーであり、戦友に近い。

鎌倉時代でも同じだ。頼朝《よりとも》亡きあとの鎌倉幕府を支えたのは北条政子《ほうじょうまさこ》でしょう。

今のビジネス社会は、男性と女性がパートナーとなる時代がやってきた。女性をうまく使えない会社は衰退していく。筋肉労働中心の工業化社会とは違うのだ。

私の場合は、パソコンと女性管理職の進出直前に会社を逃げ出してリタイアしたので助かったが。

とにかく女房には負けるが勝ちですな

さて、我が家の「女時」の話。うちの嫁さんは東京生まれの東京育ち。私の遠い親戚だった。結婚当初は、しおらしくて、臆病で、時々ホームシックになって泣いていた。

ところが、子どもを産んでから、にわかに強くなった。時代の流れで、給料袋を手渡していたのが銀行振り込みになり、小遣いをもらうようになると、さらに手強さが増した。

今は、結婚当初とはまったく逆。「スーパーに買い物に行って来て！」「銀行に振込みに行って来て！」と、こき使われるようになった。文句をいうと、「これもあなたが一人になったときのトレーニングよ」とうそぶいている。一人になったときの訓練といわれると、こりゃしゃーないと、こき使われている。

このままだと、私の一番やりたくない料理まで教えられるのではないかと怯えている。

こんな頼りない私でも、外に出れば「先生、先生」といわれるのだが、ま、これくらいの方が波風が立たなくてよろしい。あのナポレオンでも、女房には頭が上がらなかったではないか。「負けるが勝ち」という言葉がありますわな、と女房の見ていないところで舌を出している。

シニアはお金を使って世の中に恩返しをしましょう

デフレはシニアにはいいことだけれど

今回の話は一部の方には反感を買うかもしれないが、経済の専門家として、今伝えたいことを、あえていわせていただきたい。この点をご容赦願いたい。

リーマン・ショックから始まった世界的な不況で、アメリカでは自動車産業の象徴ともいうべきGMが倒れた。GMは、いわばアメリカの誇りだった。「GMにいいことは、アメリカにいいこと」とさえいわれたほどだ。

また、日本でもナショナルフラッグといわれた日本航空が、法的整理をされてしまった。日本航空の栄光の時代を知っている我々としては、複雑な心境である。私が戦後初めて日本航空の国際便で海外に降り立った時、ようやく日本も外国に飛行機を飛ばせるようになったんだと感慨を覚えたものだ。

国内外を問わず、想像もできなかったことが起こっている。これからどうなるか、一寸先を誰も予想できない時代だ。

そんな時代の流れが、いよいよ「デフレ」に向かっていることは、皆さんも肌で感じているのではないだろうか。

先日、近所のスーパーをのぞいたら、大根が一本十円で売られていた。それを見ると、大根がかわいそうになった。丹精込めてつくった農家の気持ちはいかばかりだろう。

戦前には恐慌があった。これを立て直したのが、先般放映されたNHKのスペシャルドラマ『坂の上の雲』で、秋山真之《あきやまさねゆき》と正岡子規《まさおかしき》に英語を教えてい高橋是清である。自らが質素倹約を旨として背広も買わなかった浜口雄幸が緊縮財政政策をとり、国民に節約を訴えたことが原因ともいわれるデフレ状態を、高橋是清は積極財政で立て直した。

財政再建の最中、高橋は世の中の反感を買うことを承知で「お金持ちは、どうか高級料亭に行ってお金をたくさん使ってください」といった。金持ちが料亭でお金を使えば、女将が喜ぶばかりでなく、下足番や仲居さんも喜ぶ。出入りの魚屋や八百屋も皆喜ぶのだ。

私事だが、東京郊外にある私の家の近所に、週に二回、車で野菜と魚を売りに来る。これをよく利用しているし、わが家では肉やワインなども近所のお店で買っている。外食には近くの鮨屋をよく使っている。確かにチラシを見てスーパーで買えばはるかに安い。でも、近所でがんばっているお店を残しておきたい、廃業してほしくないと思って、ささやかながらそんなことをするようになった。

皆が節約ごっこをやっていたら、よけいに景気が悪くなる。ケインズの「合成の誤謬《ごびゅう》」という理論がある。部分的に正しい原理を全体に広げた時、必ずしも正しい結果を伴わないというものだ。今の時代は、個人が節約に励んで貯蓄を増やす行為は正しい行為だろう。しかし、これが需要や雇用の縮小につながっていることも事実だ。不況の時ほど、お金を使わないといけないのだ。

今の日本企業では、低価格の象徴のユニクロが独り勝ち状態だ。ただ、申し訳ない言い方になってしまうが、デフレの後押しをしているユニクロが日本を滅ぼすという見方もできるのだ。

お金を使うことが世の中への恩返し

先日、大学の同窓会に久しぶりに参加した。すっかり好々爺《こうこうや》になった仲間たちを見ながら思った。我々世代の若い頃、日本は貧しかった。懸命に働いて今の日本の発展を成し遂げたという自負はある。でも、年金にしろなんにしろ、逃げ切り世代ともいえる。

我々の世代はとかく、贅沢をすることを悪いことだと思いがちだ。でも、シニアがお金を使わなくては、世の中にお金が回らない。

年金暮らしにとって、デフレで物の値段が下がることは歓迎すべきことだ。まさに金利を上げてもらっているようなものだからだ。

今の三十代、四十代は一番つらい年代だ。子育てにお金も手間もかかり、給料・ボーナスも上がらないばかりか下がっている。会社もどうなるかわからない。節約をしないと生活できないのは当たり前だ。

確かに、老後のことを考えると誰でも心配が先に立つ。でも、ここであえていいたい。シニア世代こそ、ちょっと贅沢をして、お金を上手に使わなくてはならない。それが「つとめ」であり、世の中への「恩返し」になる。

何も高級品を買い漁《あさ》れといっているのではない。近所の小売店で買い物をするといった、できる範囲のことをすればいいのだ。近所に小売店が残っていれば、何かのときにも安心だ。

本だって、図書館で借りればタダだ。でも、近所の本屋で買って、読み終わったら子どもや孫にあげればいい。

たまにはちょっと贅沢して、温泉旅行もいいじゃないか。いつもよりワンランク上の旅館に泊まれば、その地方も潤うし、何よりいい思い出ができる。これが我々も、皆も喜ぶ「いい贅沢」だ。

「質素倹約」という看板を、一度おろしてみませんか。見本としていたことをなくしてみるということも、ときには大切ですよ。

人生は「起承転転」がいい

啄木《たくぼく》、チャップリン……人生を支えた言葉たち

何かと世知辛《せちがら》い昨今であるが、こんな時代だからこそ、「言葉」に励まされ、癒されることが多い。

最近、歳をとってしみじみと感じることなのだが、心に沁みる言葉というのは、人生の時期や年齢ごとに変わるものだということだ。若いときには若いときなりの、歳をとったら歳をとったなりの感じ方、味わい方がある。今回は、おこがましいことながら、私が今までの人生の折々で心に沁みた言葉

の数々をご紹介してみたい。

まず、自分でつくった言葉で恐縮だが、「閑中忙あり」。これは本来は「忙中閑あり」という言葉だが、サラリーマン時代は忙しい中に上手に「閑」を見つけることが大切なように、リタイア後は逆に、あり余る日常の時間の中でやることを上手に見つけるのが人生を楽しむコツだ。昔は「隠居」の思想があったが、それは人生六十年時代の話。五十五歳で定年して、盆栽をいじったりしているうちに六十歳でこてんと死ねた。今は六十歳から二十年も生きる。働き続けてもいい。でも、毎日働くのではなく、週に二、三日働くくらいがいいだろうし、ボランティアに飛び回るのもいい。やることはいくらでもある。

私の今の心境は、「人生は起承転転でいい」ということだ。石原慎太郎も「七十歳を過ぎたらケ・セラ・セラ」といっている。人間は、死ぬという「結」は決まっている。それならばもう、「転結」ではなく「転転」でいきましょう。もう、何をしてもかっこ悪いなんて思わなくていいし、孔子も「七十にして心の欲する所に従って矩《のり》をこえず（七十を越えたらやりたいことをしてもはめをはずすことがない）」といっている。妙に「結」をつける必要はないのだ。

私はサラリーマン時代に左遷されたことがある。そんなとき、妻がたまたま花を買ってきた。これには癒されて心が落ち着いた。「友がみな　われよりえらく見ゆる日よ　花を買ひ来て妻としたしむ」という石川啄木の歌が心に沁みた。

そして四十七歳で会社を辞めて独立、経営評論家として物書きの道へと歩みだした。そのときも「こころよく　我にはたらく仕事あれ　それを仕遂げて死なむと思ふ」という啄木の歌に励まされ、肩肘張らないくらいにだが、がんばろうと思ったものだ。啄木はいい。一部のインテリはただの感傷詩人と小馬鹿にしているが、日本人の心にすなおに響く。いま静かに啄木ブームがおこっているゆえん。

サラリーマン人生には、いいことがあれば、悪いこともある。兼好法師の『徒然草』に、「花は盛りに、月は隈《くま》なきをのみ見るものかは」という一文がある。桜は満開のときだけを、月は曇りなしのときだけを見るものではない。人と人生もまさにそのようなもの。

受け取り方によって、意味が違ってくる言葉というものがある。たとえば、チャップリンの映画『ライムライト』の名言として知られる、「人生に必要なのは、勇気と想像力、そしてサムマネー」。このサムマネーを「多くのお金」と解釈するか、「ほどほどのお金」ととらえるかは、その人の自由だ。

そして物書きとして六十の坂を越えたころ、日々感謝の気持ちが湧き上がってきた。若いときの自由は青空かもしれないが、中年からの自由は生活の不安と背中合わせ。ようやくその生活の不安から解放された。それとともに、西行法師の歌を思い出した。西行は六十九歳のときに最後の旅で、二度目の奥州行脚《あんぎゃ》に出かけた。黄金《こがね》咲く奥州藤原氏は遠い親戚だ。東大寺の再建の勧進を頼みに行ったのだ。途中、箱根とならぶ難所である掛川《かけがわ》の小夜《さよ》の中《なか》山《やま》という峠で「年たけて　また越ゆべしと思ひきや　命なりけり　小夜の中山」と詠んだ。命を永らえているから越えることができる。そんな生きる喜びと感謝の気持ちが、鮮やかに詠まれている。

無理に「結」をつけず「起承転転」でいきたい

同窓会で何十年かぶりに小学校時代の仲間に会った。みんな知っている。今はもうみんな仲がよい。「裏を見せ　表を見せて　散る紅葉」という良寛の句が思い浮かんだ。友だち関係も、夫婦関係もこれが一番。会社のリーダーにもいえる。はずかしくない程度に裏を見せられる人がいい。あるいは裏を見せても、なおかつ尊敬される人がえらい。

同窓会の後、伊賀上野を訪ねた。芭蕉《ばしょう》の故郷である。「さまざまの　こと思い出す　桜かな」。芭蕉はかつて藤堂良忠《とうどうよしただ》という人に仕えていた。その主君が若くして急逝した後、侍の身分を捨てて俳諧の道で生きる決心をした。江戸に出てから初めて故郷に帰ったときの句だが、芭蕉の心に去来した思いに、我が身を重ね合わせた。

さて最後に、最近の勝ち組・負け組の風潮にひとことだけいわせてもらいたい。レイモンド・チャンドラーがハードボイルド小説の主人公フィリップ・マーローにいわせたセリフ、「男はタフでなければ生きていけない。やさしくなければ生きている価値がない」。ヒルズ族などといわれる人たちには、これが欠けている。

こんな風に、心に沁みる言葉というものは年齢とともに変わっていく。私の今の心境は先ほども述べたが「起承転転」。やるべきことはやった。十分に遊んだ。あとは流れのままに行きましょう。自分の葬式に誰が、何人くらい来てくれるかなんて、どうでもいいことだ。無理に「結」をつけようなんて思わず、最期まで転々と転がって、流されていきたい。

第三章　星のように道しるべのごとく

若い世代に「日本の美点」を語ろう

アメリカとの戦争を知らない大学生

中村草田男《くさたお》という明治生まれの俳人の有名な句に「降る雪や明治は遠くなりにけり」がある。自身が通った小学校を訪れたとき、たまたま雪が降り出した。子供たちが金ボタンの外套を着ているのを見て、着物に草履履きだった自分の小学生時代に思いをはせて詠んだ句だといわれる。

平成という時代も二十年を超えた。私の後輩がこんなことをいっていた。

「大学生と話をしていたら、日本がアメリカと戦争をしていたことを知らなくてびっくりしたよ。どっちが勝ったんですか、だって」

まさに「昭和は遠くなりにけり」。だからこそ、私たち昭和人は、昭和という時代を見直しておく必要があると思う。団塊世代が足繁く通ったジャズ喫茶がまた流行りはじめるなど、世の中でも昭和を見直す動きがそこかしこに見られる。

私の知人が三人ばかり、自分が辿ってきた昭和の道を綴り、自費出版した。こういうことを恥ずかしいと思う人もいるが、自分たちがいかに懸命に生きてきたかを、子供や孫に書き残すことは、とてもいいことだと思う。今は、パソコンをマスターできれば、二十部とか三十部という小部数でも本が作れる。

私も『プレジデント』という雑誌に自伝を書いて一冊の本にした。京都の片田舎で生まれ育った私は、小学三年生で終戦を迎えた。集団疎開も空襲も経験していないが、実質的にこのときから私の昭和は始まったのだと思っている。

当時は食い物がなかった。芋の蔓や大根の葉っぱを食った。インフラもなかった。水道もないから、風呂の水汲みなどの雑用は子供たちの仕事だった。だからといって、面白くない時代だったかというと、そうではない。子供というものは、どんな時代でも、どんな場所でも、何か楽しいことを見つけるものだ。私たちの世代は、野球だった。野球があったから楽しかった。我々の世代がいつまでも長嶋だ、王だというのは、そんなところにも理由がある。

集団生活は苦手だったが、野球のおかげで何とかなった。けんかはあったが、いじめはなかった。けんかだって、強いやつ同士でやったし、強いやつに勝ってこそ認められた。

今の中国を見ていると、貧しかった時代から高度経済成長へと轟々《ごうごう》とうなりをあげて走り出した昭和三十五、六年ごろの日本を思い出す。一杯のコーヒーで夢を語り、ちょっと金が入るとギョーザにニラレバ炒め、たまにはウイスキーも飲んだ。そういう時代だった。

私は大学を出て、フリーターのようなことをしていて、三十歳から会社人間になろうと懸命に働いた。当時はそれでも社会のレールに間に合った。流通でも広告でも出版でも、新興企業がばんばん出てきた時代だから、いくらでも働き口はあった。

私も、皆も、昭和という時代もがんばった。敗戦ですべてが一旦ゼロになってからのスタートだったにもかかわらず、だ。日本には戦艦大和や零戦を造る技術と伝統があったから、立ち直ることができ、成長できたといえる。

日本は成長社会から成熟社会へ

平成も二十年を過ぎて、改めて自分を昭和人だと思う。皆さんもそうだと思っているのではないだろうか。

私たちにとって、スターとは美空ひばりであり、石原裕次郎であり、長嶋茂雄だった。皆がスターと一緒に時代を生きてきた。昭和は国民作家が成立した。今は村上春樹の本は売れるけれど、彼が国民作家かというとそうとはいえないだろう。

今、時代は昭和の伝統に帰ろうとしているような気がする。今の中国は成長モデルだ。これからの日本は成熟モデルでなくてはならない。だから伝統が大切になってくるのだ。日本も、イギリスやフランスなどのような成熟した国になっていくのではないだろうか。古きよきものを伝えていくのが義務なのだ。

古きよきものとは、若い人にとって珍しいもの、面白いものだ。語りましょう、日本の美点を。残していきましょう、日本の伝統を。古きよき伝統が残っているのは（あるいはそれが商売として残っているのは）、世界的に見ても日本などごくわずかの国だけといってもいい。

日本には江戸時代から口入屋《くちいれや》という人材派遣業があったし、からくり人形はロボットの原型、大坂の堂島《どうじま》では金融商品のデリバティブもあった。工場制手工業もあった。ペリーが来なくても、日本は独自に産業革命を成し遂げていたはずだ。

小・中学時代の知人の自費出版の本に、私も登場する。そこでは、私のことを秀才と書いてある。高校になってからはそれなりにがんばったが、中学時代はひどかったものだが、どうやらそう見えるらしい。まあ、共通の思い出は、何よりの財産だ。

思えば、昭和という時代は幸福な時代だった。懸命に働けば認められ、報われた。ものは造れば造るほど売れた。営業マンは靴をすり減らせばものが売れた。肉体のモーレツ時代だった。今は、いくら営業マンが頑張っても売れない時代だ。精神のモーレツ時代ともいえるだろう。

昭和は遠くなりにけり。遠くなって、でも近くなっている。

『坂の上の雲』はどうして魅力的なのか

私の考える『坂の上の雲』の魅力

司馬遼太郎の原作で、NHKが三年をかけて放映したスペシャルドラマ『坂の上の雲』が終わった。放映当時は私のところにも雑誌などからこの作品についての原稿依頼があったりした。

そこで、久しぶりにこの本を読み返してみた。

私が思うに、これほど多くの人の心をとらえて離さない魅力がいくつもある。

まず第一に「友情」。どこかの国の元首相が掲げていた「友愛」などは気恥ずかしくてしかたがないが、この時代の友情はまっすぐな芯の通ったほんものだ。相手のことを何の計算もなく好きになる。そして好きになってもらう。何よりこの時代の友情は、志を同じくするものだ。向上心といってもいい。お互いのことを大切に思いながら、競い合ってお互いに高みを目指していく。

一時は一緒に文学の道に進もうとした秋山真之と正岡子規。途中で海軍と俳句へと進む道は分かれたが、生涯その絆は途切れることはなかった。また、高浜虚子《たかはまきよし》と河東碧梧桐《かわひがしへきごとう》という子規の門人も、先生と弟子というよりは、友情で結ばれた同志という色彩が強い。

そして第二に、これが最大の魅力だと私は思うのだが、日露戦争までの明治の日本では、若者たちの青春と、明治という時代そのものの青春が重なっていたということ。秋山真之はアメリカに留学していたとき、「自分の勉強が一日遅れれば、日本が一日遅れる」と必死に勉強した。彼らにとって、明治時代は「自分の時代」だったのだ。こんなところが、戦後日本の人たちの心をつかんだのだろう。

わずか昔の戦後日本には、集団就職なんてものがあった。モーレツ社員なんていわれながら、「国のため」という意識がどこかにあった。自分が働くことが国のためでもある……そんなノスタルジーが作品世界と重なって受け入れられたのだろう。これは若い世代にも「こんな時代があったんだ。自分たちにもできるんじゃないか」と思わせることができる。

戦後日本には、都市と田舎の格差はあった。でも、「希望」の格差はなかった。今は「希望格差」の時代だ。そんな時代だからこそ、『坂の上の雲』を読んで、希望をもてると思いたい。

第三番目に、明治という時代のけなげさがある。日露戦争で陸軍を勝利に導いた児玉源太郎《こだまげんたろう》は、内務大臣を務め、総理大臣のイスも見えていたが、降格して満州軍総参謀長となった。

真之と子規が共立《きょうりゅう》学校に通ったときの英語教師であり、後に日銀総裁や大蔵大臣、総理大臣を務めた高橋是清は、日露戦争では困難な戦時外債の公募などで活躍した。日露戦争はまさに人材の総力戦。日露戦争以降、日中戦争の泥沼《どろぬま》から太平洋戦争にかけては、海軍は海軍のため、陸軍は陸軍のための戦争だった。軍人が国家を私物化した。明治時代は、自分の出世より国のため、であった。

そして、四番目が「運」というものを考えさせてくれることだ。

開戦前の緊迫した情勢で、山本権兵衛《やまもとごんべえ》海軍大臣は、連合艦隊司令長官に閑職にあったとされる東郷平八郎《とうごうへいはちろう》を抜擢した。明治天皇にその理由を問われると、「東郷は運のいい男ですから」と答えたという。東郷は実際に、薩英戦争からずっと戦争をやってきて、ケガひとつしていない。明治維新からこのかた、西郷隆盛《さいごうたかもり》、大久保利通《おおくぼとしみち》、高杉晋作、坂本龍馬など、綺羅星《きらほし》の如き大物が死んでいった。様子をつぶさに見てきた山本は、運の大切さというものを身に沁みてわかっていたのだろう。

秋山好古《よしふる》の二毛作人生に惹かれる

『坂の上の雲』を読み返したら、無性に松山に行きたくなってしまい、思い切って行ってきた。

松山は気候も穏やかで、魚をはじめ食べ物もうまい。道後《どうご》温泉で子規と夏目漱石が一緒に入った風呂にも浸《つ》かった。市内の下町を歩いていると、子どものころの真之と子規が走り抜けていくような気がした。

街を歩いているうちに、『坂の上の雲』で一番好きな人物は誰だろう、と考えた。すると、真之の兄で、「日本騎兵の父」と称された秋山好古だな、と思った。

好古は困窮の中を独力で大阪師範学校で学んで教師となったのちに陸軍士

官学校に入学。卒業後は日本の騎兵を育て上げ、日露戦争では世界最強といわれたコサック騎兵と戦って勝った。

のちに陸軍大将にまで登りつめたが、六十六歳であっさりと栄華《えいが》の都を捨《す》て、故郷の松山に引っ込んで、中学校の校長になった。私がよく口にする「人生二毛作」を実践した人であり、何よりその潔さ、古武士のような風合いに惹かれる。私の中では一番好きな人物だ。

松山に行ってみると、幕末から明治の歴史を辿る旅に出たくなった。萩もいい。高知も訪ねたい。「潔い負け」を身をもって見せてくれた会津にも行きたい。

「春や昔　十五万石の　城下かな」

子規が松山を詠んだ句だ。現在、俳句人口は一千万人を超えるといわれる。俳句の世界で戦争を戦った子規も、ここまで俳句が坂を登りつめるとは、想像していなかったろう。

孫にはいろいろなことを語って伝えよう

中学生に講演会でしゃべったこと

最近はあまり行かなくなったが、歳を取ってから同窓会なんかに参加すると、話題は「病気」と「年金」、それと「孫」の話ばっかりだ。孫は無条件にかわいいものというが、正直な話、ひねくれ者の私はそれほどでもないが。

実は数年前から、故郷のある中学校の校長先生から何度も講演会の依頼があった。自慢めくが、講演はあらゆる人たちの前で数え切れないほどの経験があるし、多少の自信もある。しかし、小学校や中学校ではやったことがない。第一、何をしゃべればいいかわからない。

何しろ当方、小中学校時代は野球ばかりやっていて、勉強はさっぱり。先生に褒められたことなんてない。母親を、「妹や弟と比べてなんでこんなに成績が悪いのか」と嘆かせたものだ。

丁寧にお断りをしていたが、三顧の礼を尽くされ、お受けすることにした。悩む私に校長先生は、「お孫さんに話すような気持ちでしゃべってください」といってくれた。なるほど、それならばしゃべれそうだ。

当日、いくつかのことをしゃべった。まずは、私にこれをいう資格のないのを百も承知の上で「勉強をしなさいよ」。今、世界には満足に食べ物も食べられない人たちがたくさんいる。一方で、中国やインドなどが、猛烈な勢いで日本を追い上げている。これからは「知的能力」がより求められる時代だ。もっと勉強しないと、中国やインドに仕事をもっていかれてしまう。

それと、中学時代は「感性」が一番のびる時期だ。だからこそ友だちをつくりなさい、と。そのためには、サッカーでもいい、演劇でもいい、何か集団でやることをしなさい。友だちを見つけて、人づきあいをそこで覚えるのだ。世の中は人間関係で動いている。そのことを覚える時期なのだ。ぜひとも部活動をやりなさい。

現在は携帯とネットが盛んだ。だからこそ、ネットだけに頼らないようにしなくてはいけない。なぜならば、ネットは自分に興味のあることしか触れない。例えば新聞は、興味のある記事だけでなく、いらんところも読むものだ。ラジオなんて、テレビとは違った面白い世界だ。マンガだっていい。鳥《と》羽僧正《ばそうじょう》の作と伝えられる『鳥獣人物戯画《ちょうじゅうじんぶつぎが》』など、ディズニーを超えるものだ。これらのことで、思考と感性の幅が広がる。週に一度でいいから、そういう日をつくりなさい。

今、大きな問題になっている「いじめ」。私は、「自分が嫌だと思うことを人にはするな」と、半分お願いの気持ちで語りかけた。ケンカはしていい。でも、自分と同じか上の人と一対一でするべきだ。いじめを防ぐ方法は知らないけれど、自分がしてほしくないことを他人にしなければ、ずいぶんと軽減されると思う。いじめは最低なことだということを知ってほしい。

日本語も大切にしてほしい。英語を一生懸命勉強するのもいいことだが、正直いって、英語万能の時代は過ぎた。日本語で考え、日本語で話すことがより重要になってくる。明治以降の日本は、「和魂洋才《わこんようさい》」でアメリカやヨーロッパから多くのことを学んだ。ちょっと暴論めくが、今は欧米から学ぶことなんてそれほどない。それよりも、作文や俳句を学びなさい。日本語を、日本のものを大切にすることこそが、世界と対抗するためにも一番大切なのだ。

自分の出世よりも「一隅《いちぐう》を照らす」人生を

「一隅を照らす」ことの大切さも話した。日本人は長く「末は博士か大臣か」で、自分の出世のためにがんばった。でも、これからは違う。比叡山延《ひえいざんえん》暦寺《りゃくじ》を開いた伝教大師《でんぎょうだいし》・最澄《さいちょう》の言葉に、「一隅を照らす、これすなわち国宝なり」がある。どんな狭い世界でもいい。どんな小さな場所でもいい。自分の置かれた場所や立場でベストを尽くす。「ああ、あの人は素敵だな」と思われるようになってほしい。

これはシニアにとっても同じこと。私の知人に新撰組《しんせんぐみ》が好きな人がいて、大好きな近藤勇《こんどういさみ》に縁のある千葉県の流山《ながれやま》に住んで、研究を重ねている。友人に、少年野球の監督をずっと続けている人もいる。団塊の世代には、集団就職で東京に出て、技術を高め、今もがんばって働いている人がたくさんいる。大リーグで活躍するイチローだって、バットやグローブ、スパイクなどをイチローの厳しい要望に応えてつくってくれる職人がいるからあのプレーができるのだ。これも「一隅を照らす」ことだ。

そして最後に話したのが、「自分の住んでいる日本という国を大切にしてください」ということ。一隅を照らしながら一生懸命に生きる。それがひいては日本という国を輝かせることにつながる。私は京都の出身だから、最期はただの京都人として死にたいと思っている。

こんなふうに、おせっかいながらいろいろなことを話したけれど、全部をすることは無理だ。でも、二つか三つくらいはやってほしいとお願いして締めくくった。

以上が、私が中学生に語った内容と体験だが、孫ができたシニアの人たちも、ぜひ将来後悔しないように、孫にいろいろなことを語って教えてほしい。それが、孫とのいいコミュニケーションにもなるはずだ。

老人こそフリーターになりましょう

あなたは定年後に働く派？　趣味派？

最近、五十歳後半の定年を前にした人から、「定年後は働いたほうがいいでしょうか？」とよく相談を受ける。私は、「働いたほうがいいですね」と答えている。

その理由はいくつかあるが、まず第一に六十歳では年金がもらえないこと。第二に趣味の問題がある。アメリカやヨーロッパでは、定年退職は「ハッピー・リタイアメント」ということで、仕事を離れて趣味や旅行を満喫する。ところが農耕民族の日本人は貧乏性なところが残っていて、なかなか趣味三昧とはいかない。大部分の人が、「おお、定年」ではなくて、「ああ、定年」なのではないだろうか。

だいたい、毎日趣味をしろというのはそれこそ残酷な話だ。定年後は、半分働いて、半分趣味をするくらいがちょうどいい。

フリーターや派遣社員が話題になっているが、定年後こそそうすればいいのだ。退屈しのぎになるし、嫁さんと年がら年中顔を合わせずに済む。現役時代のように満員の通勤電車に毎日乗らなくてもいい。

妙なプライドなんて、捨ててしまえばいいのだ。友人の元商社マンは、英語力と培ってきた知識を活かして、京都で外国人相手の観光ガイドを楽しんでやっている。

国内ばかりではない。東南アジアや中国で、日本のシニア世代の技術力が求められている。例えば日本のビール工場では掃除はコンピュータ制御で機械がしている。ところが、外国ではそんなことはできない。だから、5Sなどの品質管理技術や生産技術など、日本のローテクも外国ではハイテクなのだ。聞いた話だが、インドあたりでは冷蔵庫は鍵つきが売れる。使用人による盗難を防ぐためだ。クーラーも静音タイプではなく、いかにもというクーラー音がするほうが売れるという。IT以前の世界なのだ。

昭和世代は、趣味に生きるのが下手な世代だ。団塊世代の〝蕎麦打ち〟だって、たまに打つから喜ばれるが、毎日打っていたら迷惑このうえない。

私は今も毎月本代に一万円以上遣う。だから、嫁さんに嫌味をいわれないために今も働いている。好きなことに遣える小遣い程度でも稼げれば、精神的にずいぶんとラクだ。

ただ、一つだけ心掛けておいてほしいのは、現役世代の発達をさまたげるような働き方はしてはいけないということ。七十歳になってもオレ現役、先頭ランナーなんていうのはだめだ。これは老案。若い人の邪魔にならない範囲で働くのがいい。

趣味とはちょっと違うが、ボランティアに打ち込もうと思っている人も多いだろう。だが、これだけは欧米に学ばないといけない。日本はボランティアの経験がまだまだ少ない。自治会でやるような草むしりやゴミ拾いも悪くない。しかし、欧米では自分の専門職を活かす。弁護士は商売抜きで一日法律相談をやるし、医者は無料健康相談をやる。元経営者なら、若手企業家のために「お金と人を集めます」。ボランティアは義務ではない。自分の専門やできることを活かすことが大切だ。

働くにも趣味を楽しむにも〝人〟が大切

趣味を楽しむにもお金はかかる。だからちょっとくらい働いたほうがいいのだ。ギリシャ神話に出てくる伝説の都市トロイアを発掘したシュリーマンは、考古学がやりたかったので、事業をやって資金を得てから発掘をした。

自ら全国を歩いて日本地図を完成させた伊能忠敬も、商人として豊かな財力と人脈があったことが地図づくりに没頭できた一つの要因といえる。

ただし、定年後まで働きたくないという人もいるだろう。それもいいだろう。でも、その代わりに生涯楽しめる趣味を持ったほうがいい。これがないと引きこもりになる。家の中でやる趣味よりも、外に出る趣味のほうがおすすめだ。

趣味はある意味で「仲間」づくりが楽しいものだ。コーラスや俳句の句会などがいいのは、人と一緒に楽しめるからだ。定年後に家の中ばかりにいたら、若者の引きこもりと同じだ。

働くという行為は、当然のことながらその代償は「お金」を得ることだ。「タダでもいいから働きたい」というのはウソ。お金にこだわり、お金にこだわらない。この姿勢を持ち続けたい。ほんとうにお金だけが欲しければ、満員電車で毎日通勤することだ。

若い人だけの職場と思われているハンバーガー店やカラオケ店で、シニアをアルバイトで雇ったら、接客や細かいところにも目配りの利いた仕事ぶりが評判になったという。人生経験に裏打ちされた仕事というのは、どんな小さなところでもキラリと光るものだ。

定年後も働こうと思ったら、準備が必要だ。できれば五十七、五十八歳くらいで、どうするか決めておきたい。働くには人脈がいる。働かずに趣味を楽しむにも人とのつながりが大切だ。どちらも〝人〟がポイントとなる。

今回いいたかったのは、現役時代のような仕事一辺倒ではなく、趣味一辺倒でもなく、その真ん中の道があるよ、ということだ。趣味半分、そして働くのも半分。定年後はこれがいいのではないだろうか。

学ぶことをずっと楽しむ「生涯一書生」のすすめ

新聞は記事は読むけど論説は読まない

私の知人に、和歌一筋でがんばっている男がいる。なぜ俳句でなくて和歌かというと、俳句人口は多すぎるので、新聞などに投稿しても掲載される可能性が低い。和歌ならば、競争相手が少ないので、狙い目と考えたようだ。最近ではようやく、地方新聞に三割ほどの確率で掲載されるようになったそうだ。これを五割にして、次は全国紙に進出したいと密かに狙っているらしい。

いくつになっても競争心をもつことは、とても大切なことだ。その知人は、先生につくことはせず、西行と源実朝《みなもとのさねとも》の短歌を一生懸命に書き写していた。これはとてもいい方法で、面白いやり方だと思う。

私はうつ病で苦しんだ時期があって、その時は仕事も休筆状態だった。そうすると、どうしても筆力が落ちてしまう。そこで、向田邦子《むこうだくにこ》の短いエッセイを書き写して、筆力が落ちるのを防いだ。向田邦子のエッセイは、難しいことをわかりやすく書くことの、最も優れたお手本になる。

人の文章を書き写す、真似ることは、最大の文章上達法だ。そこから自分のスタイルをつくっていけばいい。

文章を書くことに限らず、定年後は学生時代やサラリーマン時代にやりたかったことをやったらよろしい。前にもおすすめしたが、歴史の謎を推理する歴史探偵なんて楽しいものだ。坂本龍馬の暗殺は、薩摩の西郷か、紀州藩か、土佐藩か……。ケネディ暗殺のオズワルドの背後に隠れている黒幕は……。畿内《きない》説か、九州説か、邪馬台国《やまたいこく》はどこにあったのか……。本能寺の変で、家康は信長の危険を察知していたが、忠告はしていない。それはなぜか……。

歴史上の出来事や人物に対する洞察力は、会社勤めや人生のいろいろな体験が役に立つ。そんな風に五年間でも調べ続ければ、いっぱしの専門家になれる。

ついでにいうと、私はもう一年くらいで経営評論家の看板を下ろそうと思っている。経営評論家という商売は、世の中の動きに必死に喰らいついていかなければやっていけない。私も昔は懸命にノートにメモをとった。今は体力がもたないからだが、書くべきことは、本からでも破ってノートに貼り付けておく。年齢とともに、自分に合った方法を見つければよい。

それと、なるべく多くの人にゴシップ話ができるくらいがいい。正しい情報、役に立つ情報だけを効率よくほしがる人がいる。でも、夕刊やテレビのワイドショーなどから思わぬ情報が得られるものだ。これを知る人でないと、正しくて役に立つ情報は入ってこない。ゴシップ好き、ということは、人間が好きだということ。何にでも関心を持っていないとだめだ。

ギリシャの財政危機が、なぜあのタイミングで起こったか？　考えてみると、あれは米国のオバマ大統領に対する、ウォール街をこれ以上いたぶるなという警告だ。日本もギリシャ並の借金国だという輩がいる。嘘をつけ。日本は国内から金を借りている。企業の強さは株に出る。今は株屋さんが経済がダメだと騒いでいるだけだ。国の強さは通貨に出る。ほんとうに日本が弱ければ円安になるはずだが、円高になっている。

物事は表も、裏も、どちらにも関心を払って、情報は上下をつけずに受け入れることが大切だ。

私は新聞は読むけれど、論説は読まない。記事から自分で考える。だいたい、八十歳を越える大新聞のボスがいっていることを見れば、その新聞の論説がわかってしまうものだ。

いくつになっても学ぶことは楽しい

先ほど、組織の中でさまざまな体験をしたシニアであれば、五年間好きなことを続けてコツコツと勉強すれば、誰でも一人前になれると述べた。私は、五年といわず、「生涯一書生」でいきたいと思っている。いくつになっても学ぶことに、そして学ぶことを楽しむことに遅すぎることはないのだ。

兼好法師の『徒然草』は、人生のエッセンス満載の教科書のようなものだが、これを大学生が読んでもわかるはずがない。文章がわかるだけだ。人生の下り坂にさしかかった人でなければ理解できないことはたくさんある。

「継続は力なり」というけれど、私は『三年連用日記』をおすすめする。あんなこと、こんなことがあったんだと、自己の成長が見てわかる。「あー、今日はさぼってしまった」なんて悔いる必要はない。何も書くことがなかったら書かなければいい。一週間分まとめて書いてもいい。自分のことなんだから、わがままに楽しんでやればいいのだ。

世はインターネットとITの時代。iPadだ、電子書籍だ、ネットニュースだとかまびすしい。でも、できるだけ本や新聞、雑誌を読んだほうがいい。ネットでは自分の興味のあることしか見ない。それでは視野が広がらない。

人生の「後半期」を迎えた方々こそ、それまでの自分の経験を生かし、やりたかったこと、面白そうなことを鵜の目鷹の目で探して、思う存分楽しんでほしい。

「草食系の若者」だっていいじゃないか

ワールドカップでにわかサッカーファンに

一カ月にもわたる死闘をスペインが制して、サッカーのワールドカップが幕を閉じた。

決勝戦を戦ったスペインとオランダ。日本の戦国の世にはるばる海をわたってやってきたスペイン。江戸時代に長崎の出島から西洋文化を伝えたオランダ。そんな日本との深い因縁を思い浮かべた。

何はともあれ今回のワールドカップは、日本チームの善戦に素直に「日本っていいな」と思った。私は愛国主義者ではない。家に国旗を揚げたこともない。どちらかというと郷土愛が強いほうだ。

それでも、「がんばれ、ニッポン！」と興奮して応援した。あまり期待していなかったから余計によかった。ワールドカップ前は、岡田監督はだめだ、と思った。ところが、大会前の試合で四連敗後、選手起用で守り重視の戦法に徹して中村俊輔《なかむらしゅんすけ》選手を外した。チームにも一体感が出てきた。

　そして、カメルーン戦で勝って一気に風向きが変わった。優勝候補の一角といわれたオランダには、一点差の惜敗。オランダはさすが二次リーグに標準を合わせて調子を上げてきたから、もし二次リーグで戦っていたらボロ負けしていただろうけれど。そして引き分けでも一次リーグ突破だったデンマーク戦でなんと三対一で勝利。

　日本が勝利をあげるたび、渋谷では若者が交差点で大騒ぎをし、道頓堀では川に飛び込む輩が出た。でも、ワールドカップというものは、世界をあげてのカーニバルだ。スポーツには非日常性のお祭りという側面がある。草食系だなんだといわれている日本の若者も、こんなに元気があるんだと嬉しくなった。騒ぎの後の空き缶掃除くらいやってあげてもいいじゃないか、とさえ思った。

二次リーグのパラグアイ戦は、やられるだろうと思っていたけれど、延長まで戦って0対0、PK戦にまでもつれた。PK戦というのは誰かが失敗するまでの一人のゲーム。それを世界中が見つめている。残酷なものだ。

ワールドカップは国と国との猛烈な戦いでもある。他のスポーツとは違い、サッカーのワールドカップはオリンピックを超えている。だからサッカーでの敗北は国の敗北だと思っている。フランスなんか、不甲斐ない敗戦に国民全部が怒って、ついには大統領まで出陣して内紛の収拾をはからざるを得なかった。

アメリカもそこそこ見せ場をつくったが、この国にはワールドシリーズがある。これはワールドではなくて、アメリカの野球の、だけれど。

私は野球ファンだけれど、今回だけは、にわかサッカーファンと笑われてもいいと思った。まだサラリーマンだった頃、故郷・京都出身の名サッカー選手である釜本邦茂《かまもとくにしげ》さんに、サッカーファンになってくださいよといわれていたのに、ファンにならなかったにもかかわらず、だ。

リーグ戦とトーナメント戦の違いというものも、改めて理解できた。リーグ戦は強いチームが勝つ。トーナメント戦では、勝ったチームが強いのだ。トーナメント戦では、たった一回のチャンスをものにできるかどうかで勝敗が分かれる。

スーパースターは育てるのではなく生まれる

選手で一人挙げるとすれば、やはり本田選手だろう。久しぶりにスーパースターが出た。中田よりも上でしょう。いずれ長友も出てくる。

スーパースターといえば野球ではイチロー。あの日本人の体格で十年連続して大リーグのオールスターゲームに選ばれるなんて素晴らしいことだ。スターは育てるものだけれど、スーパースターは生まれるものだ。石川遼選手（まだ人気先行型だが）にしても、宮里藍選手もそうだ。長嶋も王もそうだった。そういう意味で、私は日本のプロ野球界がちょっと心配だ。スターはいるけれど、スーパースターがいない。

正確にいうと、本田選手はスーパースターになれる可能性を見せてくれた、というのがほんとうのところかもしれない。公園でサッカーをしている子どもが、「本田選手のようになりたい」と目を輝かせていた。子どもたちに夢を与えてくれた。これから大化けすることをぜひ期待したい。そのためにも、「出る杭は打たれるが、出過ぎた杭は打たれない」ということで、出過ぎた杭になってほしい。

もう一つ感じたのは、日本は成熟国だということだ。韓国も強かったが、韓国はサッカーや冬のオリンピックのショートトラックなどに選択と集中をしている。メダルをとれば、兵役も免除され大金が手に入る。

日本は、とにかくやりたい人には何でもやらせてみる。大体、一〇〇メートルや二〇〇メートル走で、日本人がアフリカ勢に勝てるわけがない。でも、やりたい人にはやらせている。

私は、成熟国と経済先進国は、パラリンピックで勝つべきだと思う。余裕と思いやり、懐の深さを競うのだ。

今回、草食系と揶揄されていた若者たちも、やるときはやる、と教えてくれた。サッカーでも海外のリーグに何人も移籍する。こんなところはシニアがずいぶんと若者に負けている。

日本人は、最近は経済や政治で日本人としてのアイデンティティを持つことができなかった。でも今回は、若者たちに元気と勇気をもらえた。

知識・体験・感性……三位一体の「知の巨人」梅棹忠夫《うめさおただお》先生を悼む

わが人生における唯一の師

平成二十二年の七月に、日本における文化人類学のパイオニアだった梅棹忠夫先生が九十歳で亡くなった。

私は横着者で雑学派。そのせいもあって生涯、恩師といえる人を持たなかった。しかし、強いてあげるならば、梅棹先生だった。

私が大学を出て、広告代理店で働いていたころに講演をしてもらった。もちろん、それまでに本は読んでいたが、それ以来のあわいつきあいだった。

決して偉ぶることなく、「キミ」「ボク」と話すようなタイプだった。

ＮＨＫの朝の連続ドラマ『ゲゲゲの女房』が人気を集めたように、今、高度経済成長期がちょっとしたブームのような気がする。東京スカイツリーを見に行く年配者たちは、東京タワーが建てられたころを重ね合わせて見ているのだろう。

日本は敗戦の痛手から立ち直り、平和に対する変なコンプレックスを持たずに高度成長を歩めた。そんな昭和のサラリーマンを元気づけたのが、司馬遼太郎さんの『坂の上の雲』と、梅棹忠夫先生の『文明の生態史観』の二つだったと私は考えている。

とりわけ『文明の生態史観』を読んだときに受けた「ああ、こんな見方があったのか」という衝撃は忘れられない。マルクス主義者でもなく日本の高度成長を予言したのは、梅棹先生ただ一人だけだ。

以前にも触れたことがあるが、江戸時代の日本は、西洋と同じレベルの文明、文化を持っていた。大坂の堂島では米取引のデリバティブが行なわれていたし、口入屋という人材派遣業もあった。歌舞伎で有名な幡随院長兵衛《ばんずいいんちょうべえ》も口入屋を営んでいた。浮世草子《うきよぞうし》の井原西鶴《いはらさいかく》や浄瑠璃《じょうるり》作家の近松門左衛門《ちかまつもんざえもん》がいて、貸し本屋さんのお客さんは女中さんだ。江戸時代の識字率はおそらく当時の世界一だった。浮世絵はヨーロッパで印象派に大きな影響を与え、群馬県の桐生《きりゅう》では絹織物の工場制手工業が起こっていた。

幕末にペリーが黒船でやってきて、日本を開国させたといわれているが、ペリーがやって来なくても、日本は独自の産業革命を成していただろうと先生は説いた。鎖国も一種の管理された政策であって、長崎からはどんどんと西欧の文物や知識が入ってきていた。だからこそ、アジアの中で日本は唯一、明治維新を機に一気に近代化を成し遂げることができたのだ。

梅棹先生は、女性時代の到来も真っ先に予言していた。江戸時代の女性観に「内助の功」があるが、これは武士階級だけの話でむしろ珍しいものだ。

商家でも農家でも、共働きが当たり前だった。だから日本にも女性の時代が来るといち早く予言していた。

また、レジャー産業が始まるのではなく、産業のレジャー化（あるいは文化の産業化）が始まると説いた。加賀や京都でお茶の文化が発達したが、これは遊び＝レジャーだから、ダンゴやせんべいではなくて、いいお菓子がつくられる。美しい着物を着て、楽しいイベントが開かれる。経済が成長すると、遊びが文化になるのだ。

そして、「情報産業」という言葉を創造したことでも有名だ。情報化社会では、情報の価値が一番高い。アルビン・トフラーも情報化社会について言及したが、梅棹先生はそれ以前に予言していた。

すべてに前向きに取り組んだ人

まさに日本が最も誇るべき「知の巨人」だといえる。風土病が原因といわ

れるが、六十五歳で失明をした。梅棹ファンの編集者が、お見舞いに行くと、

「いやいや、これからでっせ。私の学問の花が咲くのは。これからはどんどん書きまっせ」

と、意気軒昂《いきけんこう》に話されたそうだ。事実、失明した六十五歳以降のほうが著作数が多い。すごいことだ。すべてに前向きになれる人だった。

京都大学のよき伝統である、知のプロデューサーという役割も受け継いでいた人だった。当時の京都大学には桑原武夫《くわばらたけお》がいた。「棲《す》み分《わ》け理論」の今西錦司《いまにしきんじ》がいた。よき伝統とは、これらの人が自分よりえらい学者を育てようとしたというところだ。

独創性というのは、リーダーが自分より偉いやつを育てようとすることから生まれる。梅棹先生はその伝統も守った。

最後に、梅棹先生は終戦後に、外地からの帰国船の中で、甲板のいたると

ころに赤ん坊のおむつが干してある風景を見て、日本の復興と再度の大発展を予言したという。どん底の状況にありながらも、たくましく赤ん坊を育てていこうとする日本人の姿に、日本の未来に対する自信を持つことができたのだ。

梅棹忠夫という「知の巨人」を見ていると、「知識」「体験」、そして「感性」のすべてに圧倒的な力を有していたことがわかる。ビジネスの世界に置き換えると、「ヘッドワーク」「フットワーク」「ハートワーク」だ。三位一体が必要だ。そして、この三つをトータルしたものが「判断力」。これは、何も学問やビジネスの場だけに必要なものではなく、シニアの日常生活の充実にも不可欠なものだ。

今回はちょっと固い話だったかも知れないが、知識と体験と感性、すべてに秀でた「知の巨人」……こんな学者がいたことを覚えておいてほしい。

人生で一番大切な五十代を生きるあなたへ伝えたいこと

今の時代は五十代の生き方が焦点に

人生八十年時代といわれて久しい。六十歳定年制も六十五歳定年になりつつあることを考えると、今まで以上に、五十歳代の過ごし方が大切になっていると思う。五十代の過ごし方、人生への向き合い方によって、これから三十年という社会人生活にも匹敵するほど長い期間の幸せと充実度が、随分と違ってくる。今回は、そんな五十代の過ごし方について、七十歳の半ばに差しかかった私の経験からお話してみたい。

まず、ちょっと命令口調になるが、「六十五歳までは働きなさい」ということ。六十五歳にならないと年金は満額もらえない。アメリカやヨーロッパではもっと支給年齢を引き上げようという動きがあるが、日本でももっと後になるかも知れない。

でも、考えてみてほしい。人生八十年時代、六十歳なんて元気じゃないですか。私だって自分が六十歳や六十五歳のときは、今の私からみれば羨ましいくらい元気だった。

お金の問題もある。資産を財テクで増やせといわれるけれど、世界不況の現在、しかもゼロ金利の時代では、素人は儲からないようになっている。だいたい、銀行自体が投資先が見つからなくて困っている。頭の体操程度にすればいいが、素人が儲けるのは無理だ。

「退職金を減らしたくない」と思うなら、働くことだ。肩書きやポスト、会社の規模や認知度なんかにこだわらなければ、いくらでも働く先はある。アメリカなどでは、企業の社長からヒラの社員になってもう一度やりなおしたり、新しい会社を興すなんてザラだ。

手堅いところで、農業もある。自分の食う分くらい稼げる。医療や介護サービスの賃金も改善されてきている。

「○○物産の部長まで務めた俺が、そんなことできるか」なんていってはいけない。私には、一流企業を辞めた後で植木職人をやっている友人がいる。この前乗ったタクシーの運転手は七十歳を越えていたが、「なぜ働くんですか」と聞いたら、「働くのが一番気楽ですから」といっていた。

これからは、六十歳を越えても働く覚悟を持つことだ。儲けようと焦らなければいいのだ。

働くためには、自分の得意な分野を磨いたり、役立つ資格をとることも確かに必要なことだ。でも、それより大切なことは、人脈を増やすことだ。人こそが情報の運び手。人脈づくりが、職を運んでくる。人脈づくりのコツは、あまり多くを相手に求めないこと。自分に二割か三割、役立ってくれれば御の字だ。プロ野球のバッターだって、四割は打てないでしょう。

「働」という字は、「人」が「動く」と書く。この場合、動くというのは、他人を楽しませる、楽にさせることだといいたい。シニア世代は、この心掛けで「働いて」もらいたい。

最後は人間同士のつながりがモノをいう

住まいの問題もある。「持ち家」か「借家」かと迷う。今はマンションを買っても、売るとなったら半額以下だ。効率を考えれば、借りたほうがいいという意見が多い。昔は「男たるもの家を持って一人前」といったものだが、今はそうとはいえない。これは、夫婦の性格で決めればいいと思う。持ち家は高額だけれど、未来の安全と安心を買っている。心配性の人、安全志向の人は、退職金をはたいてでも持ち家を買いなさい。そんなことにこだわらない人、一人暮らしの人は、マンションなど借家でいいでしょう。

私たち夫婦などは、二人とも弱ったら、郊外の一軒家を叩き売って高級養老院がわりに都心のマンションにでも入ろうと思っている。ともあれ家のことは、夫婦で話し合って決めなさい。

「資産」の問題は、子どもや孫のために美田を残そうと思わないことだ。葬式代だけ残せばいい。資産は残さない。その代わり、子どもに迷惑をかけない。これでいい。欧米では、家を子どもに売って、リタイアメント村などの施設でゆうゆうと暮らすことが多い。日本も少しずつ欧米型になってきている。

「趣味」は二つくらい持ちなさい。例えば一つはゴルフ。でもこれは、毎日行くわけにはいかない。だから俳句でもコーラスでもいいから、手近にできる趣味も持っておきなさい。一文の得にもならないことに夢中になれるのは、人生最高の贅沢だ。そういいながら、私には趣味らしい趣味がないのだけれど。

昔、お亡くなりになった河合隼雄さんと話したとき、週休二日になったら一日は自分のために、一日は家族のために使うのがいいといっていた。二日とも家族サービスでは、嫁さんも子どもも喜ばない。嫁さんには別のライフサイクルがあるし、子どもも一緒に遊びたがらない。これは、今の五十代の人にも大切なこと。女房離れ、子ども離れの日をつくるのだ。男の井戸端会議ができる飲み屋を見つけるのもいい。家族を追い出して昼寝でもいい。これをしていれば、六十歳の危機が乗り切れる。

ちょっと命令調の話ばかりになってしまったが、一番いいたかったのは、人との絆が何より大切だということ。手をつなぎ合える絆があれば、生きる希望が持てる。そのためにも、人のために尽くし、人に喜ばれなくてはいけないのだ。

第四章　山のように大らかに

心配ご無用！ 日本人は「いざとなったらできる」

アメリカと日本のリーダーの違い

「やっぱりアメリカはすごいね」と最近よく聞く。リーマンショックに端を発する、世界中の誰も想像していなかった未曾有の危機に直面すると、カリスマ性にあふれた初の黒人大統領オバマを選ぶ力がある、ということに対してだ。

私は、それはちょっと違うんだよナといいたい。逆にいえば、ブッシュが無能すぎたということだ。

史上最低ともいわれるブッシュ政権で、アメリカは致命的な失敗を二つ犯した。一つはアフガンとイラクとの戦争。もう一つは経済政策の失策だ。アメリカは単なる軍事大国ではなく、スーパー軍事大国だった。軍も兵器も圧倒的に強かった。ここで重要なのは、相手に「アメリカは強い」と思わせることだ。戦わずして敵わないとあきらめさせること。ところがアフガンでは違った。「軍事力VS軍事力」ならアメリカは勝てるが、「軍事力VSゲリラ」に持ち込んだらアメリカはもろい、ということがわかってしまった。今では北朝鮮にもなめられている。イラクには大量破壊兵器があるといって攻めたが、北朝鮮は自ら堂々と核があると宣言しているのに（ただしアメリカがほしがる石油はない）手をこまねいている。怒らせても怖くないとバレてしまった。

文化人類学という学問分野があるが、これは戦争学でもある。アメリカは戦争に突入する際には文化人類学者を集め、相手国の研究・助言をさせた。

日本に対してもベネディクトに『菊と刀』を書かせた。昔はそこまで相手を研究してから戦ったが、今はやっていない。

そして経済的な失敗。リーマンショックやGMの破綻などで、アメリカの一極時代は終わった。ドルは唯一の基軸通貨だったが、その地位からもすべり落ちた。軍事的にだけでなく、経済的にもスーパー大国ではなくなったのだ。

だから、オバマが出てきた。「チェンジ」が必要だったのだ。この危機的状況でなかったら、初の女性大統領クリントンだったろう。

専門家の間では、国際的にみてリーダーが優れているのは中国だといわれている。あの鄧小平《とうしょうへい》は、最後までほんとうに共産主義者かどうかわからなかった、といわれるほどだ。中国は十三億人を超える人口と、五十五もの少数民族を抱える他民族国家だ。それを支えるために経済的な成長も必須だ。何しろ国の舵取りを一つでも間違えると、自国どころか、世界が崩壊しかねない。だからリーダーが優秀でないとやっていけないのだ。

優秀な政治家が出てきたら危ない

さて日本。日本はオバマ（まだこれという実績を出していないが）や中国の指導者のような優秀なリーダーが出なくてもやっていける。これは嘆くのではなく、喜ばなくてはいけない。

確かに日本は借金が膨大にある。でも、例えば病気になっても、国民皆保険で安心して医者にかかれる。アメリカでは労働者の四割は健康保険に加入していない。

日本ではシニア世代なら、まあ、誰でも世界旅行ができる。アメリカには、一生自分が住んでいる州から出たことがない人がごまんといる。ニューヨークの場所がわからないなんて人もたくさんいる。アメリカに住んでいる私の友人も、「やっぱり日本は治安、清潔、絶頂期はすぎたが経済面でもいい国だ」といっている。

政治についても、いろいろと騒いでいるけれど、「政治が悪い、政治家が悪い」といいながら、日本人はアメリカくらいの急速な変化は求めてないんじゃありませんか。

日本は、経済は一流（それでもまだ一流だ）、政治は二流から三流。この二〜三流というのは、恥ずべきことではないのだ。

塩野七生《しおのななみ》さんは、アメリカや中国のような覇権大国は、ローマがなぜほろびたかよりも、なぜかくも長く繁栄したか、を学びとってほしいといっている。そして日本が学ぶとしたら海の都ベネチアでしょうな。ベネチアは強力な権力を持ったリーダーはいなかったが、宗教に対する寛容性を持ち、千年に亘って経済国家として君臨した。日本にはまだ、カリスマ性あふれるリーダーは必要ないのだ。

今、自民党は分が悪い。小選挙区制のもとでは、地盤・看板・かばんの三バンを引き継げる世襲議員が有利だ。だから優秀な連中は民主党から出馬せざるをえなかった。民主党の岡田や玄葉、細野、前原などの若い世代は優秀ですよ。政権交替がおこったのはとうぜん。ただいささかタイミングが早すぎた。民主党は政権交替の準備ができていない。だからもう一波乱あるだろうが、それでガタがくるほど日本という国はヤワじゃない。

江戸時代は、落ち着きのあるよい時代だった。それがペリー来航で変わった。「太平の眠りを覚ます上喜撰《じようきせん》（蒸気船）たった四杯（四隻）で夜も眠れず」と詠まれてからわずか十五年で、日本は明治維新をやってのけた。日本人は本当の危機がやってきたら思い切った改革をやってのける。心配することはない。

テレビのワイドショーで、アホなタレント学者が「政治って間抜けですなあ」といっているうちは、大丈夫。

日本人は、一生懸命に働く国民だ。何より優秀なミドル層がいる。あの小泉さんでも、郵政以外は何もやっていない。それでも何とかなるのだ。ただ、少しずつ危機が迫っているのは確か。政権交代、政界再編は避けられないでしょうな。ベネチアだって何度も危機を自力で乗りこえて豊かな文化生活を継続していったのだ。

日本がモデルになる時代、「和魂和才」の時代がやってきた

日本経済はまだまだ強い

たまには自己宣伝もやらせてください。二〇一一年一月に本を出しました。タイトルは『新・和魂和才〜ゆるやかで美しい成熟戦略』です。日本は最近、ノーベル賞の受賞くらいしか、明るい話がない。そこで、日本にもっと自信を持ってほしいという思いを込めて書いた。

さて、国の強さというものは何でわかるかというと、経済力の強さである通貨の強さだ。最近はずっと円高傾向が続いている。日本人はこの状態をだ

めだと思っているが、世界は日本がしぶといと見ている。

今回は、「円高」ではなくて「ドル安」なのだ。日本は貿易立国だから、一ドル＝九〇円くらいがいいと思うけれど、今の七〇円後半は、日本の強さを表している。

中国はGDPで日本を抜いて世界第二位の経済大国となり、脅威といわれている。でも私はそう見ない。中国は四千年の歴史があり、十三億人の民がいる。いい方を変えれば、今まで二位にならなかったことがおかしいのだ。

現在の中国では、大卒が五パーセントといわれているけれど、数にすれば六千万人くらいいる。そりゃ、優秀な人材も出てきますよ。

ただ、一人当たりの国民所得は、日本より二十年から三十年は遅れている。日本の経済環境はまだまだ強い。もっと楽天的な発想をしてほしい。ただし、時代は確かに変わっている。

マネーゲームは騙し合い、物造りは騙したら負け

明治維新以来、日本は欧米のキャッチアップでやってきた。「和魂洋才」である。涙を飲んで真似をして、追いつこうとした。そして太平洋戦争後は「和魂米才」で、アメリカから実に多くのことを学んだ。じつをいえば、戦前でも戦艦大和や零戦を造る力はあった。ただし、致命的な欠点があった。零戦は名古屋で造られたが、馬で引いて運んだ。ブルドーザーがなかったので、飛行場を造るのも人力だった。

大量生産システムがなかったのだ。すべてが職人技だった。軍艦の型も部品の共有化ができていないので、一つひとつ違っていた。

そんな日本がアメリカから大量生産システムを学んだ。学んだのは生産だけでなく、流通や広告などあらゆる分野に及んだ。

そして一九八五年に、アメリカの対日貿易赤字解消のため、円高ドル安に

誘導するために合意された「プラザ合意」で、日本はついにアメリカにキャッチアップした。この段階で、明治時代から引きずってきたものが終わり、戦後も終わったといえる。

これで、日本は追いかけるべきモデルを失ってしまった。これは、日本がモデルとなる時代、「和魂和才」の時代が到来したといえる。

先ほども述べたように、日本の職人技は、世界的に見ても優れていた。戦国時代の加藤清正《かとうきよまさ》や藤堂高虎《とうどうたかとら》は、武将としてばかりではなく、城造りの名人でもあった。物造りは、日本人に向いているのだ。バブル期には、日本も物造りとマネーゲームを両方強くしようとした。しかし、それは失敗した。この二つはカルチャーが違う。マネーゲームは騙し合いだ。騙された方が負け。ナポレオン率いるフランスが負けたワーテルローの戦いの後、当時銀行家であったロスチャイルドは、勝敗を知っていたのに知らないふりをして「ネイサンの逆売り」という株式売買で巨額の利益を得た。これが後のロスチャイルド財閥の基礎を築いた。

マネーゲームは騙し合いだが、物造りは騙した方が悪い。英国病で停滞していたイギリスで、金融ビッグバンを断行したサッチャー元首相は、イギリス経済を立て直したが、イギリスの物造りまでは復活させることはできなかった。

物造りの方が偉いといいたいわけではない。日本人は、物造りが得意なのだということがいいたいのだ。

日本人の自然と共生できる感性こそが復活の鍵

これからの時代で注目すべきは、「エコ」と「環境型」の産業だ。これこそ日本に合っている。欧米の考え方の根本は、自然はコントロールできるというもの。庭の造り方を見ればわかる。日本は、自然に負けるくらいに自然と一体化し、生かす。

これからは、環境にやさしい技術がポイントになる。自然をコントロールするという傲慢な考え方からは、その技術は生まれない。

日本人は、四季の変化を感じ取り、暮らしの中で大切にする。虫の声にも敏感で、蟬《せみ》しぐれにも無常を感じる。私はそんな知的感性こそが、日本人にノーベル賞を取らせたと思っている。日本人からはこれからも受賞者は出てくるだろう。

自然にやさしく生きる、自然と共に生きる。合理主義だけは解決できない曖昧な部分を大切にする。これが日本人にはできるのだ。

だからこそ、年配者も若い人も、日本という国を大切にしてほしい。小学校から英語教育なんてやめたほうがいい。英語ができれば国力が増すのなら、フィリピンなどとっくにアジアのトップになっている。

村上春樹は、「自分は日本語で考え、日本語で書く、それ以外できない」といっている。それで国際的な評価を受けている。塩野七生も「日本人は、日本語で表現する以上のことを、英語で表現できない」といっている。至言であろう。

日本はアジアの名誉顧問くらいがちょうどいい

なぜ国際社会が揺れ動いているのか

また、世界が揺れ動いている。だから、たまには時局評論でもやりましょう。

私はたまたま二年ほど前に、韓国を訪ねた。韓国の経済躍進は素晴らしい。サムスングループは日本の家電メーカーよりすごい。現代グループは日本の自動車メーカーを追い越す勢いだ。

韓国のすごいところは、朝鮮動乱以降、日本の明治維新と高度経済成長とハイテク分野の成長、この三つを一緒にやってしまったところにある。このエネルギーには驚かされる。

ただ弱点もある。日本のように産業の裾野が広がっていない。つまり、日本の東京・大田区や東大阪市のように、優れた技術を持った中小企業が育っていない。

また、韓国の致命的な難しさは、北と南を分断する三十八度線からソウルまでは、たった五〇キロメートルしかないということにある。これは、東京と横浜くらいの距離だ。韓国の軍事能力ならば、北朝鮮と交戦状態になっても負けることはないが、ソウルは火の海になるだろう。しかもソウルは日本における東京と同じく一極集中型の都市だ。後遺症は甚大なものになろう。

こう考えると、朝鮮動乱時の毛沢東《もうたくとう》にすごみを感じる。彼は軍事的天才だった。北朝鮮の金日成《きんにっせい》のことを、ソ連のスターリンがでっち上げたエセ英雄だと見抜いていた。朝鮮戦争とは、アメリカと中国・朝鮮の戦いだったのだ。そして、三十八度線に国境線がひかれた。これで韓国は戦争ができない。

第一、韓国の若い層は今の繁栄を失いたくない。それに、北朝鮮を統一する意味がない。西ドイツも東ドイツと統一して苦労した。

北朝鮮は、誠におかしな国といえる。軍事技術だけの国だ。その技術を工業技術に用いればよかったのに、そうはしない。そんな国と、韓国は戦争などしたくはない。自然崩壊を願っているし、その可能性は高いと思う。

北朝鮮は、指導者が世襲で三代目に移った。これは共産主義の国ではありえない。私はキューバにも行ったことがあるが、国民性もあるのだろうが、みんなが明るい。キューバは医療費と教育費が無料だ。貧しいけれど安心して暮らせる。明るい共産主義といえる国だ。ヘミングウェイがほれただけのことはある。

アメリカも、中国も、北朝鮮に対して考えていることは同じだ。自然崩壊を期待している。北朝鮮は、石油も出なければ、ダイヤモンドも産出されない。どの国も、引き取りたくはないのだ。

だから、北朝鮮はこれからもしばしばトラブルを起こすだろう。けれど、アメリカも、中国も、韓国も、日本も、挑発に乗らないことが重要だ。いずれ自然崩壊する。中国なんて、人口十三億の国だ。これ以上の人口はいらない。

日本が中国に抜かれるのは当たり前

今の国際情勢の混乱には、もっと大きな背景がある。ブッシュ政権によって、アメリカ一極支配の構図が終わった。アメリカは、工業生産を捨てて、ITに行こうとした。しかし、ITバブルが弾け、リーマンショックで金融バブルも弾けた。アメリカはスーパー大国ではなくなった。しかも軍事的にもイラク、アフガニスタンで失敗。スーパー軍事大国でもなくなった。

このように、アメリカの存在感がにわかに低下してしまった。オバマは優秀なリーダーだが、国内が内向きになってしまっているので身動きがとれない。

ヨーロッパはユーロでなぜ団結をしたのか。ヨーロッパも相対的にその地位が低下して弱くなったからだ。内ごもり思考になった。あわてて団結したそのツケがそのうち出てくる。

ロシアは、基本的に膨張主義の国だ。その膨張国家にしてアメリカと二大大国であったソ連を実質的に崩壊させたゴルバチョフは、だからロシアでは評判が悪い。ロシアには確かに資源はあるが、国際的な自動車メーカー一つない。

こんな国際情勢だから、間隙を縫って中国が台頭してくる。しかも、日本は必要以上に中国を恐れすぎている。ついに日本は中国に経済で追い抜かれた。だが、十三億という日本の十倍の人口を持つ国なのだから、抜くのは当たり前だ。でも、一人当り所得は日本の十分の一だ。中国脅威論に組みする必要はない。

中国は、ここまできたら、人権問題に取り組まざるを得ない。自国の政府に対するデモを許さない国は、他国に対するデモをする権利はない。尖閣諸島の漁船衝突事件などで、あせり過ぎた。自らが必要以上に中国脅威論を世界にばらまいてしまった。これは失敗だったろう。

ローマ史を書き続けている塩野七生さんの本を読むと思うのだが、ローマを本当に見ならうべきは、アメリカや中国、あるいは膨張《ぼうちょう》主義のロシアである。繰り返すが日本が参考にすべきは、むしろローマよりも海洋国家ベネチアだ。軍事力よりも交易で栄えたこの国こそ、日本のモデルだ。

だから、日本はこれからアメリカにも、中国にも、親しくつきあうが深入りはしない。それができれば日本もたいした玉だ。ヨーロッパとは文化が近いから親しみやすいだろう。そしてアジアとは……名誉顧問くらいの位置にいればそれでいいのだ。

時には楽天的に
挑戦することの大切さを考えよう

一九六〇年代がブームになる理由

ようやく話題の東京スカイツリーが完成した。スカイツリーの先輩の東京タワーが完成した時代を描いた映画『ALWAYS　三丁目の夕日』も、3D映画で東京オリンピックの頃を描いた三作目が製作公開された。

そんな一九六〇年代が、ずいぶん前からブームのようだが、その理由は私にもわかる。

六十年代は、自分の青春と日本という国の青春が重なっていた。明治期の

『坂の上の雲』のような時代だった。

戦後の廃墟から立ち上がり、池田勇人の所得倍増論には、「ほんまかいな」と思いながらも、みんな時代について行った。高速道路ができ、東京オリンピック、大阪万博が開かれ、新幹線が開通して……世界に日本の力を示した時代だったともいえる。

都会にはハイカラな団地ができた。今と違って、千里ニュータウンや多摩ニュータウンに入居できたサラリーマンはうらやましがられた。「3C」といわれたカラーテレビやクーラー、カー（車）など魅力のある家電製品や乗用車が家庭に入ってきた。車は、「係長になったらカローラ、課長になったらコロナ、部長になったらマークⅡ、いつかはクラウン」といわれた時代だ。

戦前と違って、軍隊の戦士はいなかったが、企業戦士がいた。資源のない日本は外貨獲得が使命だった。企業戦士は、辞令一枚で、アフリカの奥地まで飛んで行った。

昭和は、平凡な人が作った時代だった。『坂の上の雲』の時代は、エリートが先頭を立って走った。高度経済成長は、平凡な人が〝上を向いて歩こう〟とがんばった時期だ。英雄がいない時代ともいえる。

かくいう私も、六十年代の青春を味わった世代だ。大学受験で苦労することはなかったが、大学生活ではモラトリアムになってボーッとしていた。国立大学に五年いて、もう一年いようとしたら、指導教授に「税金ドロボー」といわれて追い出された。

小さな広告会社に拾ってもらったが、当時は「広告屋さんは裏から入れ」といわれた時代だった。私の友人で、安保闘争のときにデモの先頭にいた男は、スーパーに就職した。当時、スーパーは「スーッとできて、パッと消える」といわれていた。どちらとも花形産業などではとてもなかった。

そんな三流産業が、一流産業になっていった。スーパーの友人は、専務にまでなった。

秀才というものは、卒業したときの花形産業に入りたがる。石炭、繊維、鉄、造船などが花形だった時代もあった。それが今はすっかり様変わりだ。つくづくわからないものだ。変化のダイナミズムだ。

「集団就職世代」という言葉が生まれたのも六十年代だ。これは涙なくしては語れない。『ALWAYS』でも、青森から女の子が集団就職で上京してきたが、東北や九州などから、東京や大阪に多くの「金の卵」がやって来た。落ちこぼれることもなく、高度経済成長を支えた。

そんな経済成長も、オイルショックで終わったと思ったが、そうではなかった。中学を卒業した人が金の卵だった時代が終わったときがそうだった。故郷が恋しいときに、上野駅に訛《なま》りを聞きに行った。元気を出したいときは、東京タワーに登った。東京スカイツリーを見学に行っているのは、きっとこの世代だ。

この時代は、働けば働くほど出世もしたし、給料も上がった。地方から出てきた田舎者にとって。都会は冷たかった。だから喜んで会社人間になった。会社は、家族のような共同体だったからだ。

楽天性と挑戦する気概が今こそ必要

この頃、アメリカはすでに陰りが見えていた。でも、そんなアメリカも日本には寛容だった。当時、日本からアメリカに行った人は、その寛容さを感じたものだ。日本を追い上げる中国のような国がなかった。我々は、ほんとうに幸運な世代だ。いい時代だった。

数年前、大学を卒業する学生の就職内定率は、六〇パーセント台ともいわれた。当の学生さんの苦労はいかほどと思うが、ひと言だけいわせてもらえば、みんなが安定企業に行きたいと思っていることにも原因がある。時の花形企業が、二十年後、三十年後にどうなっているかは誰にもわからない。中小企業でも、介護や環境、農業関連など、これから伸びる分野はたくさんある。一年留年して、なんてことを考えると、もっと難しくなる。

自分が何に向いているかは、会社に入って働きながら考えればいい。会社で求められる能力は抽象的能力だ。やってみなくてはわからない。親のほうも子どもに「安定、安定」といわないことだ。

いずれにせよ、六十年代はもう戻ってこないけれど、再度の挑戦はできる。本田宗一郎《ほんだそういちろう》は、浜松の小さな工場時代、「ホンダはやがて世界一になる」とみかん箱の上から宣言した。それを信じた社員が、会社を技術で世界一流にした。これを本で読んだ孫正義《そんまさよし》が、会社を立ち上げた頃に同じ様に世界一宣言をした。そうしたら社員があきれてしまい、翌日から三分の一しか出社して来なかったというが……。

時には楽天的に、将来に賭けるのもいいじゃないかと思う。

葬式は要《い》らないのか？
それとも要るのか？

知っている人の死だから悲しい

歳をとると、楽しいこともあるけれど、その分、不幸なことや悲しいことも増えるものだ。病気や老いもさることながら、最大のものは「死」であろう。ただし、これは自分の死というよりも、両親はもとより、親しい人や仲間の死が悲しいということだ。

『葬式は、要らない』（島田裕巳著）という本が話題になった。日本人の葬儀費用の平均は二百三十一万円で、イギリスの十二万円、韓国の三十七万円、アメリカの四十四万円より格段に高いということや、戒名や檀家制度、日本人の死生観の変遷などを解説したものだ。

これだけ話題になるということは、やはり葬儀費用が高く、また葬儀について不透明なところがあると感じている人が多いことの裏返しなのかもしれない。

昨年の一月に、私より一回りも若い昔の部下ががんで亡くなった。その葬儀で、私は遠慮したのだけれど、奥さんにぜひにと頼まれて、弔辞を読むことになった。先輩の弔事を読むことはあったが、自分より若い人の弔事を読むのは悲しいものだ。出棺のときは、「あるほどの　菊投げ入れよ　棺の中」という夏目漱石《なつめそうせき》の句を心の中でつぶやいた。

私は四十七歳で物書きとして独立したが、そのときに「三年後のぼくを見ていてくれ。もし世に出ていたら拍手をしてください。失敗していたらお笑いください」と送別の会で話した。そして、成功を信じてくれた四人の仲間がいた。三年後、ある程度成功の目途が立ったところで、この四人と一緒に年に一度、全国各地の温泉に旅行することにした。会の名前は大茶人でもあった井伊《いい》直弼《なおすけ》が広めた言葉である「一期一会」にちなんで、「一期一会の会」とした。

湯河原、西伊豆、北陸や有馬など、いろいろな温泉を巡ったが、ほんとうに楽しい思い出だ。まさに思い出は最高の酒の肴だ。

ところが、その四人のうちの名古屋に住んでいた一人が、昨年の八月に亡くなってしまった。ぜひ葬式に行きたかったのだが、ちょうど体調を崩していて行けなかった。そして翌年五月、ようやく彼の家を訪ねて線香を手向け、その後、皆で伊勢・鳥羽を旅してきた。これでようやく胸のつかえがとれたと感じた。

つくづく思ったが、我々は人の死が悲しいのではなくて、親しい人、知っている人の死が悲しいのだ。そして、葬式というものは、人生にとって最も厳粛な行事なのだと思う。

葬式は生者のためにある

成功した人も、成功しなかった人も、死から逃れることはできない。だからこそ、仏教でも、キリスト教でも、イスラム教でも、神道でも、葬儀的な側面を持っている。

葬式は、死んだ人のためというよりも、生者のためにあるのだと思う。心のつかえをとってくれ、けじめをつけてくれる。まさにそのためにあるのだ。死者は葬式をしても、何をしたか、誰が来たか、もうわからない。そういうこともできる。でもそれは超合理主義で、心情がわかってない。死んだ子どもをずっと抱いている猿の話も聞く。死んだ人にはわからないから葬式はしないというケチな考えはやめなさい。確かに会社勤めから離れた高齢者は、参列者は少ないかもしれないが、それでいい。戒名だって、欲しくない人はつけなくていい。自分でつけたっていいのだ。最近は家族だけで見送る密葬が増えているそうだ。それもいいと思う。

逆に派手に葬式をするのだっていいじゃないか。葬式を盛大にやりたい人は、子どもにちゃんと葬式代を渡しておけばいい。生前、賑やかなことが好きだった先輩は、息子にお金を渡しておいて、派手で賑やかな葬式をやってもらった。そんな葬式を否定しているわけではない。

森鷗外は「余ハ岩見人森林太郎《もりりんたろう》トシテ死セント欲ス」と遺言に書いた。戦前戦後の最大の宰相と私が考える原敬《はらたかし》も、一切の肩書きを捨て、「岩手県平民 原敬」と役所に届けを出して生涯を終えた。京都出身の私は、ただの一京都人として死にたいと常々思っている。

考えるべきは金額よりも心の問題

今回は、あえて葬式有用論を書いてみた。繰り返すようだが、葬式は最も厳粛な儀式だ。昔は「村八分」といって、村の掟を破ったりした一家と、二分を除いて村人がつきあいを断つということがあった。では、この二分とは何か。それは「火事」と「葬式」だ。この二つのつきあいだけは、断つことはしなかった。もっとも正確には、村八分をしていてもその一家の田畑への水の配分を断つことはしなかったので、「村七分」が正しいらしいが。

私も昨年に両親の十三回忌を京都でやった。一族が久しぶりに再会したが、いいもんだと感じた。こういうギスギスした世の中だからこそ、この程度の信仰心は持ちたいものだ。

文化人類学者の梅棹忠夫さんの「お布施《ふせ》の原理」というものがある。本来は情報の価値決定について論じているものなのだが、要するにお布施というものは、布施をする者と布施を受ける者の格や関係で決まるというもの。つまり、金持ちはたくさん出して、貧しければ少なくていいということだ。金額が問題なのではない。大切なことは、生きている人の心の中にある。

秋の夜長は、藤沢周平作品で人生の味わいに浸ろう

猛暑で疲れた心身を読書で癒す

いやはや、今年の猛暑は異常だった。病み上がりで体力のない私のような老人にはこたえた。昔、京都に住んでいたころ、親父が「あー、暑さが身に沁みる」とつぶやいていたが、その気持ちが今になってよくわかった。

こうなると、外出などもってのほかだ。避暑地になど行く元気もなく、ひたすら家の中でじっとしていた。巷《ちまた》で流行りのひきこもりみたいだ。

本を読む気も起こらなかった。でも、ようやく秋の気配も感じられるよう

になった今日この頃。遅ればせながら「秋の夜長の読書」を愉しみたいものだ。

この歳になると、今さら本を読んで勉強でもなし、何しろ肩の凝らないものが読みたい。それで、藤沢周平をまとめて読んでみようと思い立った。

日本には、柴田錬三郎《しばたれんざぶろう》や五味康祐《ごみやすすけ》など、流行作家と呼ばれた人たちがいるが、どうしても亡くなったあとは読者の数が減ってしまう傾向にある。ところが、不思議なことに亡くなってから読者が増えているのが藤沢周平だ。しいてもう一人挙げれば、『鬼平犯科帳《おにへいはんかちょう》』の池波正太郎だろうか。ただしこれは、グルメブームの側面が大きい。司馬遼太郎についていえば、読者の数は生前も死後も変わらない。

藤沢さんの小説を読むと、元気が出てくる。これはなぜか？　まず、有名人が出てこない。身分の低い人が、卑屈になることなく、懸命に生きている。これが庶民にはグッとくる。

例えば『たそがれ清兵衛《せいべえ》』。剣の達人でありながら、病気の妻をかかえ、下城の太鼓が鳴るとさっさと家に帰って炊事や掃除、妻の世話をする。それで周囲からは「たそがれ」とあだ名されている。その清兵衛に、悪家老を切れという藩命が下る。受けたくはなかったが、妻に名医を紹介してもらうことと温泉での療養を条件に引き受け、見事、藩命を果たす。しかし、その後も清兵衛の日常は変わることなく、妻の湯治場《とうじば》で物語は終わる。これにはグッとくる。

藤沢さんは、時代小説の中で、人生の味わいと深み、そして文章のうまさを感じさせてくれる。何より、無名の人物を主人公にできる力量はずば抜けている。小説家としての力量は、あるいは司馬さんより上かもしれない。司馬さんの作品は、二回読めば充分だ。藤沢さんの小説は飽きることはなく、何度でも読みたくなる。

『蟬しぐれ』という作品も好きだ。日本では、作家が照れて避けてしまうので、青春小説というものが少ない。でも、この作品は堂々とした青春小説だと思う。三人の登場人物の少年時代から成長する友情群像を描いている。一人は剣に、一人は学問に、そしてもう一人は中途半端もよしとして人生を歩んでいく。

江戸時代の武士は、いわばサラリーマンだ。が、身分が固定されているから出世はない。唯一の出世の方法は、剣の腕を磨くか、学問に秀でるか、派閥に入るかだ。主人公の牧文四郎《まきぶんしろう》は、養父が派閥争いで切腹となり、逼塞《ひっそく》した生活を送りながらひたすら剣の腕を磨く。そして、派閥には関わるまいと思いながら、関わらざるを得なくなっていく。

藩主の側室となった初恋の人と思いを遂げるラストシーンは、まさに青春の終焉だ。そのシーンで蟬が鳴くが、これは人生の無常を表しているのだと思う。戦前は夏目漱石の『三四郎』が、戦後は『蟬しぐれ』が、青春小説の金字塔だといってもいいだろう。

そして、司馬さんは『坂の上の雲』で日本という国家の青春を書いた。藤沢さんは個人の青春を描ききったのだと思う。

藤沢作品を味わうに相応しい年齢

藤沢さんの時代小説は暗い雰囲気のものが多いが、『用心棒日月抄《ようじんぼうじつげつしょう》』は、青空のような明るさを持った小説だ。中高年の幸せは不安と背中合わせだということを、飽きさせないストーリー展開の中で味わわせてくれる。

そして、定年を迎えようとするサラリーマンは、『三屋清左衛門残日録《みつやせいざえもんざんじつろく》』をぜひ読んでほしい。下級武士から今の会社でいうと社長室長である藩主の用人にまで出世を果たした清左衛門が、次の藩主への交代にともない家督を譲って隠居する。さて、これから魚釣り三昧で楽しもうとはりきっていたのに、張りのない生活にちょっとウツっぽくなって、元気がなくなってしまう。そこで友人の町奉行が持ち込んでくる事件を、体験と知恵と昔の人脈を使って解決するなどしながら、張りのある生活に戻っていくという物語だ。

やはり、いつまでたっても大事なことは、人は人間関係の中で生きていくということだ。たまには孤独もいいけれど、孤立はだめだということが如実にわかる。清左衛門の生き方は、一番理想的なものではないだろうか。

藤沢さんは、「私は偉い人の話は聞き飽きた。我々庶民と同じ視点で励ましてくれる人を描きたい」と話していたそうだ。だからこそ、多くの人の心にずっと響く作品を残すことができたのだろう。

藤沢さんの故郷である山形県鶴岡市に『藤沢周平記念館』が開館した。私の友人が早速訪ねて、「よかった」といっていた。私もいつか訪ねたいと思っている。

無縁社会は「孤独に強くなって」生き抜こう

日本が無縁社会になったほんとうの理由とは

昨年から、「無縁社会」という言葉をよく聞くようになった。関連して孤死とか、貧困とか、いろいろなことがいわれているが、今回はこの問題を取り上げてみたい。

まず、整理しましょう。なぜ、無縁社会になってきたのか？　ちょっと話が逸れるが、ある大学の医学部教授と話をしたとき、なぜがんで死ぬ人が増えたのかという私の質問に、「それは、医療技術や器機の進歩でみんなが長生きをするようになって、他の病気で亡くなっていた人たちが、最後にがんになって亡くなるからそう見えるんですよ」と答えた。

それと同じことが、無縁社会にもいえる。人生八十年、みんなが長生きするようになった。親が子どもより長生きすることだって珍しくない。だから、必然的に高齢者の独居が増えてきたのだ。

社会が豊かになってきたからこそ、その豊かさゆえに不安が増える。その豊かさの中の不安の一つが、無縁社会なのだ。

ロシアの平均寿命は、女性は七十歳を超えるが、男性は六十三歳ぐらい。社会不安からウォッカを大量にあおることも原因の一つだろう。子どもの数も増えず、人口も減っている。今、北方領土問題で騒いでいるが、ロシアに北方領土を整備する力などない。あんなのはデモンストレーションだ。

無縁社会の要因のもう一つは、核家族化と少子高齢化だ。一九六〇年代、多摩ニュータウンや千里ニュータウンはまぶしく輝いていた。それが今や、ゴーストタウンにもなろうかとしている。

少子高齢化で子どもの数が少なくなるというのは、先進国で共通の現象だ。フランスでも、ドイツでも、イギリスでもそうだ。アメリカは例外で、それは移民の国だから。移民に多いヒスパニック系は、多産民族だ。これが国の活力になっているという側面がある。

もう一つ、これから出てくるであろう問題に、結婚しない男女の存在がある。周りを見回しても、「おひとりさま」が、女性でも、男性でも多いと感じられるでしょう。これはストレートに、孤死や無縁社会につながっていく。

そして、日本社会に貧困層が増えたということがある。日本は貧困社会になった。ただし、この「貧困」は、貧しさとは違う。我々が若かった頃には、あちこちに貧しさがあった。国全体が貧しかったといえる。でもその分、人のネットワーク、助け合いのネットワークが存在した。貧しい時代は、みんなが助け合う。たとえ、都会に出て暮らしに失敗をしたとしても、田舎に帰ればよかった。

しかし、今の社会での貧しさは、苦しさに直結する。人のネットワークが崩壊した、人貧乏の社会だ。この流れは、残念ながら変わらないだろう。豊かさが生んだ不安・不均衡は、これからも広がり続ける。

孤独に強くなることが無縁社会を生きる秘訣

こうなってくると、現代社会を生き抜いていくために、「孤独」に強くなることが大切になってくる。ここで間違えてはいけないのは、「孤独」と「孤立」は違うということだ。

孤立は、周囲にたよる人がいない状態だ。人の絆が断たれている。いわば、家の中のホームレスのようなもの。マイホームは単なる家ではなく、家庭のぬくもりの意味もある。

ヨーロッパ社会などは、孤独に強い。子どもが独立した後は、夫婦で、連れ合いを亡くしても一人で、老後をしっかりと暮らしていく。個人主義と思われているヨーロッパ社会だが、実際は人を孤立させない社会なのだ。人のネットワークは、ことほどさように大切だ。だが、矛盾するようなことをいうけれど、これからのシニア世代は孤独に強くならなくてはいけない。定年が六十歳になるか、六十五歳になるか、人それぞれだが、会社のつながりである「社縁」は、さながら男の同窓会みたいなものでいいものだ。学校の縁の「学縁」もそうだ。

定年を過ぎたら、あなたは一人で旅行に行けますか？　一人でコンサートに行けますか？　外食に行けますか？　これらのトレーニングをしておかなくてはいけない。私自身、左遷や単身赴任を経験して、多少なりとも訓練を積むことができた。今思うと、この経験はまんざらでもなかった。

孤独に強くなることは大事ですな。人は時には人間関係のしがらみをはなれ、一人になりたいこともある。家庭も仕事も投げ出したいときもある。そういう孤独を前向きにとらえてほしい。だいたいが五十半ばすぎても、背中に淋《さび》しさがにじみ出てないような男は大したことはない。人はネアカとネクラの両面をもつ。ただのネアカはネバカ。人は孤独という悲しみを通じて、人生の深い味を知る。孤独は人生の充電《じゆうでん》である。

七十六歳を迎えた私がつくづく思うのは、人生は「自助努力」が大切だということ。これを縦軸にして、横軸を「共助」として生きる。今の時代は「国助」はもはやあまり期待できない。「共助」と「自助」が求められる。

ネットワークを大切にしながら、孤独には強くなる。無縁社会に求められるのは、この生き方だ。

孤独はかっこいい、と決めてしまいなさい。孤独を知った人ほど、人の悲しさがわかるものだ。繰り返すが、孤独はいいが、孤立はいけない。袖触り合うも他生の縁という。遠くの親戚より、近くの他人だ。

それにしても、もう十分に生きた、死なせてくれよ、といっても、なかなか死なせてくれない時代がくるとは、思いもよらなかった。人間はこの世に一人で生まれ、一人で向こう側に帰っていく。そんな当たり前のことに思いを至らすことが大切だと切に感じる。

第五章　水のようにゆったりと

がんばろう、東北。
がんばろう、日本。

あまりにも大きすぎる震災の被害

運命の三月十一日、午後二時四十六分。東北と関東地方を大地震が襲った。東北地方はいうに及ばず、東京でも揺れに揺れた。私の家でも、椅子の下にもぐりこむやら、あわてて外に飛び出すやらで、この歳になってパニックになるとは思いもよらなかった。

『平家物語』に書かれた、平清盛《たいらのきよもり》の四男である平知盛《とももり》が、壇ノ浦《だんのうら》の合戦に敗れて碇《いかり》を担いで入水するときの「見るべき程の事をば見つ」という言葉ではないが、いつ死んでもいいと思っていた私の、この慌てぶり。頭で思っていただけだったと思い知った次第だ。聞くところによると、鎌倉の禅宗の高僧が、揺れが来たら真っ先に外に逃げ出したとか。

しばらくして、事態の深刻さがわかってきた。戦後最大の大地震だった。地震だけではない。想像を絶する大津波が押し寄せ、街がいくつも消えた。おまけに万全といわれていた原発の事故。この三つを同時に経験したのは、世界でも日本人が初めてだ。

死者・行方不明者は二万人近く。阪神・淡路大震災を大きく超える。茫然自失となった。春のお彼岸の中日である三月二十一日に築地本願寺にお参りして、死者の方々を想い、南無阿弥陀仏と唱え、心の中で弔いをさせていただいた。そして、わずかばかりの被災地への寄付をした。私にできることは、これくらいなもの……。

この未曾有の大混乱の中でも、被災地の方々が、極めて冷静で、未来に希望を持っていると感じられることに感嘆した。同時に、日本人のすごさを改めて感じた。これだけの大被害の中で、パニックも起きず、暴動も起きない。泥棒も出ない。東京でも地震当日に女性が深夜に歩いて帰宅しても大丈夫だ。コンビニに来ていた客が、地震が起きて外に逃げ出した。地震がおさまると、皆がお金を払いに店に戻ったそうだ。ガソリンスタンドも大行列が起きたが、誰も割り込まない。アメリカも、ヨーロッパも、中国も、称賛している。日本の「円」も円安になっていない。世界が円売りをしていない。日本を信じている。

買い占めもない。あるという人もいるが、買い占めは本来、儲けるためにするもので、今は家族や身内のための「せつない」買い占めだ。これを買い占めとはいわない。許されるべきものだと思う。

もう一つ、自衛隊や消防団、医師、ボランティアの人たちの命がけの救助・救援作業には頭が下がる。

モノがあれば分け合い、貸し借りする……戦後を乗り越えてきた伝統が日本には残っている。ことに、東北は人と人の絆が強い。そして、農家、海に生きる人々……東北の人たちが日本経済の背骨を支えていたことを思い知らされた。

パニックにならず、デマに踊らされることなく、冷静に忍耐強く地震被害に立ち向かう日本人。日本人の知的レベルの高さと、底力を見た。

神戸のボランティアで歌った『雪山讃歌』

私の生涯で、直接ではないかもしれないが、今回の地震を含めて三つの大きな危機を経験した。一つはずいぶん前の話だが、太平洋戦争の敗戦。私は小学三年生で、物事がまだよくわかっていなかった。絶えず腹が減っていて、停電もしょっちゅう、水道なんてなかった。便所は汲み取りだったし、トイレットペーパーなどもちろんなかった。ただ、日本人というのは、いざというとき、楽天的に結束するということがわかった。

もう一つが阪神・淡路大震災。六千人以上の方が亡くなり、私の親類も被災した。広告代理店時代にかわいがってもらった製薬会社の副社長も亡くなった。私も三日ほどだがボランティア活動に参加した。このときは、神戸のヤクザの大親分も先頭に立っておにぎりや味噌汁を配った。誰もが街を愛していた。これを機に本社を神戸から東京に移した会社はない。故郷を思う気持ちが、復興を後押しした。東北人も、その思いとねばりを持っていると信じている。

そして今回、規模は阪神・淡路大震災よりはるかに大きい。しかし、人々の絆の確かさを、改めて教えてもらった。この精神ほど、日本が誇るべきものはない。

阪神・淡路大震災から十七年を過ぎ、私も後期高齢者に仲間入りした。頭はボケて、体力はない。ボランティアなどかえって迷惑だ。私にできることは、今のところわずかな寄付だけだ。

でも、ある程度被災地が落ち着きを取り戻したら、東北新幹線で東北へ向かい、奥の細道をゆっくりと辿りたい。柳《やなぎ》田《た》國男《くにお》が歩いた遠《とお》野《の》にも行ってみたい。たがお金、されどお金。現地にお金を落とすことが大切だ。復興中の神戸も「皆さん、神戸に来てください」といっていた。

最後になるが、今回のことは、もう東京一極集中はやめなさい、という警鐘かもしれない。大正時代に起こった関東大震災の際は、商都大阪の経済力が復興を担った。しかし、今は大阪にそんな力はない。

一つ思い出したことがある。神戸でボランティアをしたとき、現地で『雪山讃歌』（西堀栄三郎・作詞）を歌った。その一節だ。

「テントの中でも月見はできる
雨が降ったら濡れればいいさ」

がんばろう、東北。そして、日本。

法然と親鸞。不安が満ちている今こそ、その教えに触れてみたい

人はなぜ仏教の教えにひかれるのか

法然上人《しょうにん》八〇〇年大遠忌《だいおんき》と親鸞聖人《しょうにん》七五〇回大遠忌があった。先の大震災の影響で多少変更されたようだが、さまざまな行事や法要が執り行なわれた。世の中に不安が満ちている今だからこそ、仏教について少し考えてみたい。

私は、日本人の大部分がそうであるように、宗教に関心がない。しいていうならば仏教、というくらいだ。

そんな私が仏教にひかれる第一の理由は、仏教は正義を語らないということにある。人は心ならずも善をし、心ならずも悪をする。西洋の宗教とは違い、仏教にはそういう考え方が根底に流れている。何事も曖昧なところで止めておく……それが仏教のよさだ。

もう一つ、仏教のよいところは、幸福を語らないところだ。人の悩みは尽きない。幸福と不幸、勝利と敗北、生と死……こういうものは、常に背中合わせである。昔の人は「禍福《かふく》は糾《あざな》える縄の如し」といった。幸福と不幸は、より合わせた縄のように交互にやってくるという意味だ。これこそが仏教の知恵だ。亡くなられた河合隼雄さんは、「一〇〇パーセント幸福な人生などつまらない。幸福と不幸は、五十一対四十九でいいのではないか」といっていた。

シニア世代なら実感できると思うが、健康だから幸福、お金があるから幸福とはならない。幸福が増えれば、不幸が増える。そんな考え方が日本人の心の奥底にはあるのだ。

仏教の歴史をたどると、奈良時代の仏教は、いってみれば国家仏教で、国の安定のためのものだった。平安時代は、貴族の仏教だった。権勢を極めた藤原道長《ふじわらのみちなが》が建立した京都の法成寺《ほうじょうじ》は、自分一人が極楽浄土《ごくらくじょうど》に行くために建てたようなものだ。私のかよった高等学校のそばに、法成寺跡の石標がある。そして平安時代末から鎌倉時代になって、ようやく武士や庶民が信仰できる浄土宗や浄土真宗、日蓮宗、禅宗などが広まっていった。

私は教義としては親鸞の浄土真宗にひかれるが、その師である法然のすごさにもひかれる。法然が仏教を学んだ比叡山は、当時の最高学府だった。そこで最も優れた学僧だった法然は、当時の比叡山の堕落ぶりをみて、山を下りて庶民のための教えを広めた。

法然は、厳しい修行ではなく、ひたすら念仏を唱えることで誰もが極楽往《おう》生《じょう》できるという易行道《いぎょうどう》念仏を唱えた。これが一番、法然の教えを表している。

ある人が法然に問うた。念仏を唱えているとき、眠くてウトウトしてしまう、どうすればいいだろうか、と。法然は「寝ていればいい。目覚めたときにまた念仏を唱えればそれでよろしい」と答えたという。

また、念仏を唱えるとほんとうに極楽浄土に行けるのかと問われて、「それはわからない。でも私は、行けるほうに賭ける」と答えたという。庶民にもわかりやすく教えを説いた。

そして、法然の最高の弟子が親鸞だ。法然の教えは、庶民も極楽浄土に行ける、善人は救われる、悪人も救われる、というものだ。弟子の親鸞はもう一つ過激になって、悪人こそ救われると説いた。悪人はその悪行によって、いつも悩み、苦しんでいる。善人にはそういう気持ちはない。だから悪人こそ救われるのだと説いたのだ。まさに逆転の発想だ。親鸞は自分もその悪人の一人だとして、あえて肉食をし、妻帯もした。法然の教えに従い、極楽に行けるかどうかわからないが、騙されてもいっこうにかまわないとした。

私は会社員生活の中で、人事を行なったこともある。公平さを第一に考えたつもりだった。しかし、親鸞の「わがこころのよくてころさぬにはあらず、また害せじとおもふとも百人千人をころすこともあるべし」、つまり善意があるから人を殺さないわけではない、殺すまいと思っていても百人、千人を殺すこともあるはずだ、という言葉が頭に浮かんだ。すると、公平などと考えていた自分が嫌になった。人間のやることである。公平な人事などない。公平に近い人事があるだけ。つくづく親鸞は正直な人だと思う。

会社人生を終えれば、みな同朋だ

親鸞の教えでは、念仏を唱える人をみな「同朋《どうぼう》」という。親鸞は弟子を一人も持たず、ただ念仏を唱える人が等しく同朋であった。我々もそうしたいものだ。会社員生活を終えれば、我々はみな同朋だ。大企業の部長だなんだということは関係ない。会社人生が終われば、人との縁で生かされるのみだ。同朋でいきましょう。

悟りについても同じだ。親鸞は、厳しい修行で入ることができるとされた悟りの境地を、最初から投げ出している。そして、そもそも人は煩悩を断ち切れないものだと説く。それができるのは、お釈迦様のみだ。人はただ、仏にすがらないと救われないのだ。

私は昨年、親しい友人を相次いで亡くしたが、つくづく思ったのは、我々は人の死が悲しいのではなく、親しい人の死が悲しいということだ。これが人間の限界。仏こそが、金持ちだろうが、貧乏人だろうが、慈悲の平等ですべてを悲しんでくれる、すべてを悲しむことができる存在なのだ。

今年の夏は、出身地である京都に帰って、先祖の墓参りをしようと思っている。その程度の信仰心、その程度の仏教でいいんじゃないか、と私は思っている。

今の政治に強力なリーダーはいらない理由

英雄が必要な時代は、実は危険な時代

たまには少し生々しい話をしましょう。

ある若い経営者の会で講演をしたとき、こんな質問を受けた。

「今、強力な政治のリーダーシップが必要なのに、そんなリーダーがいないのはなぜか？」

私はこう答えた。

「確かにおっしゃる通り。今の内閣には指導力がなく、小沢一郎《おざわいちろう》の時代も終

った。かといって自民党にもない。谷垣《たにがき》総裁にしても、石原慎太郎《しんたろう》の息子にしても、何やら怯えたような顔をしている。これは何も日本だけではなくて、世界的な傾向で、レーガン、サッチャー、ゴルバチョフ、鄧小平のようなカリスマ的なリーダーがいない。だけど、日本はそれでもやっていける。英雄は必要だけれど、英雄が必要となる時代は、危険な時代なのだ」

今回の東日本大震災のように、大地震と大津波と原発事故が三つも起こったら、政治は誰がやっても難しい。テーマが全然違うからだ。保障の問題でも、これからは漁師が喜べば一方で農民が泣くといったことも起こってくる。

原発は一体どうなっているのか。我々はわからない。専門家でもよくわからない。何しろ、ソ連やアメリカで事故はあったにしろ、今回のようなケースは初めてのことだ。この責任は、原発を推進してきた自民党が七割、それをチェックしなかった民主党が三割といったところだろうか。

では、リーダーは必要ないのか。いや、必要だ。だがそれは、強いリーダーではなくて、「非凡な平凡人」であるリーダーだ。

私は今、頼まれて日露戦争のことを調べている。日露戦争とは、ロシアの膨張政策に対する防衛戦争だ。当時、ロシアは日本の十倍以上の兵力があった。それでも日本は戦争に勝った。いや、負けなかったというべきであろうか。

海軍は日本海海戦で大勝利を得た。しかし陸軍は奉天《ほうてん》まで進撃したが、兵力や物資が尽きて、そこからは進めなかった。日本とちがい国土が広大なロシアは撤退戦は負けではない。作戦の一つ。ナポレオンにも、ヒトラーにも攻めこまれたが、兵站《へいたん》係が伸びきったところで、逆転された。ロシアも負けない戦いをしたといえる。そのことを知っている児玉源太郎は奉天で勝ったところで、講和にもちこめといった。

私は、日露戦争時の首相である桂《かつら》太郎《たろう》に注目している。ニコニコと笑って肩をポンと叩いて人を手懐けるのが巧みだったことから「ニコポン宰相」

と呼ばれ、長州閥トップの山縣有朋《やまがたありとも》の一の子分だった男だ。ただ桂の非凡なところは、自分より優秀な人物を使えたこと。伊藤博文などの元老を動かし、児玉源太郎に内大臣から降格して満州軍の総参謀長になるように頼むなど、開戦の準備を整え、日本を勝利に導いた立役者だといっても過言ではない。

当時の海軍大臣は山本権兵衛だが、これは開戦前に日本海軍の司令長官を予備役寸前だった東郷平八郎に交代させるという荒業を行なっている。明治天皇から「なぜ東郷か」と聞かれた山本は、「運がいいから」と答えたという。

そもそも明治の元勲というものは、明治維新を生き残った運のいい人物たちだ。久坂玄瑞《くさかげんずい》、高杉晋作、坂本龍馬、明治の世を見たが西郷隆盛や大久保利通など、みんな志半ばで死んでしまった。そんな明治維新を生き延びた明治の指導者たちは、まさに運がある人たちなのだ。松下幸之助《まつしたこうのすけ》も、人を選ぶときに運がよい人を選ぶといっている。

当時日銀副総裁だった高橋是清は、戦費調達のため、欧米に外債を売るという一番辛い仕事を受け持った。世界はロシアが勝つと思っていたから、当初はなかなかうまくいかなかったが、ねばり腰で見事にこの仕事をやり遂げた。

スパイとして活躍した明石元二郎《あかしもとじろう》は、ロシア国内のかく乱のため多額の金を使ったが、一銭たりとも私腹していない。

外務大臣の小村寿太郎《こむらじゅたろう》は、日本が勝てるとは思っていなかった。陸軍が奉天から北へ進むことができなかったため、何としても講和に持ち込むしかないとわかっていたので、そのために全力を尽くした。

自分より優秀な人物を集めることができるリーダー

先に述べた桂太郎は、強力なリーダーではなかった。しかし、人を見抜く力があった。日露戦争は「人材の総力戦」でなければ勝てないということがわかっていた。桂は皆が力を出し、力を合わせることができるようにすることができた指導者なのだ。

今、求められるリーダーとは、人を見抜き、人を適材適所で使うことができる器を持った人物だと思う。少し前の総理大臣でいえば、大平正芳《おおひらまさよし》さんや小渕恵三《おぶちけいぞう》さんといったイメージだろうか。

そういうリーダーならば、例えば細野豪志《ほそのごうし》のように四十代や五十代の政治家の中にいると思う。安心していてほしい。経済界でも、半分くらいがそんな世代に入れ替わっている。叩かれることも多いが、孫正義さんなど、大震災の被災者のために百億円をポンと寄付する時代だ。

英雄や強いリーダーは、確かに記憶に残るけれど、危ない。小泉さんなんか、記憶には残っているが、冷静に考えると結局は何もしていない。

チャーチルは日本で世紀の英雄ともち上げられているが、かんじんの英国で、国力をこえた戦争をやって、大英帝国没落の最後の引き金をひいた人というきびしい見方がある。

アメリカの実業家で、「鋼鉄王」として成功を収め、教育や文化の分野へ多くの寄付を行なった慈善家としても知られているカーネギーの墓には、こんな墓碑銘が刻まれている。

「自分より賢き人を周《まわ》りに集める術を知る者　ここに眠る」

まさにリーダーたるものの一番の心得だといえるだろう。

七十五歳を過ぎたら
アバウトに生きよう

もの忘れも、ボケも、気にならなくなった

私も「後期高齢者」にやっと仲間入りした。この呼び名は嫌いだけれど、確かに老いの自覚というか、老いの覚悟のようなものができたような気がする。いい換えると、老いというものを楽しめるようになった。

今までも、よく電車に乗っていると席を譲られた。そうされるとドキッとしたものだ。半分嬉しくて、半分悲しい気分になった。俺もそんな歳になったのか、と。

疲れているときはありがたく座らせてもらったが、元気なときはお断りしたこともあった。それが今は、遠慮なく譲ってもらうようになった。電車に乗るときは、なるべくシルバーシートを利用するようになった。もうジジイ扱いされて平気。満員電車は疲れるので避けている。

エレベーターやエスカレーターがあれば喜んで乗るし、階段の昇り降りでは必ず軽《かる》く手すりを持つようにしている。階段は昇るときよりも降りるときの方が危ないのでなおさらだ。手すりを持たずに階段で転んだ友人もいる。

都心での夜のつきあいや会合も、よほどのことがない限り断る。やむを得ず出席しなければならないときは、鈍行《どんこう》かタクシーで帰る。タバコもやめたし、酒もあんまり飲めなくなりました。

昭和の妖怪と呼ばれた岸信介元首相は、長生きの秘訣を問われて「不義理をすること」と答えたという。私も葬式は弔電だけにすることが多くなった。遠い友の葬式も弔電だけにした。生者必滅会者定離《しょうじゃひつめつえしゃじょうり》。不義理が平気になった。

小学校、中学校、高校、大学と、同窓会やクラブの集まりなど、七つか八つくらい毎年案内状が届く。そのうち二、三だけ出て、翌年は別の会へという具合に順番に出席するようにした。

ウォーキングをやめて、ただの散歩にした。小さな女の子に追い抜かれても何とも思わない。ウォーキングをしていたときは、ムッとしたものだが。

送られてくる健康雑誌を読むのもやめた。最近は目は霞むし、よく眠れない。小便はコクもキレもない。病気のチェックをすると、全部当てはまってしまう。だから読むのをやめた。同時に、人と健康競争をするのをやめた。

私の友人には、夜の高速道路をぶっ飛ばす男もいるし、週一でゴルフをやるやつもいる。そして、病院に入院して苦しんでいるのもいる。一番健康な人に合わせる必要などない。一番健康じゃない人に合わせればいい。

もの忘れも平気になった。忘れたときのコツは、焦って探すことはせず、いったん放っておくことだ。そうすると、不思議なことに思い出すものだ。それでいいやと思えるようになった。

ボケることに対する恐れもなくなった。ボケてもよろしい、といえるようになった。

老いを楽しみ、老人の知恵を大切にする

私の家は、建売《たてうり》よりも少し大きな家だが、庭に小鳥が来る。これに餌をやるのが楽しい。ちょっとご隠居さんの気分だ。

今、「諸行無常」の『平家物語』の私記を書こうと思っている。資料を集めているが、若い頃はいちいちメモをしていた。でも今は切り取ってノートに貼っておく。雑誌も捨ててしまう。本は小説は好きそうな人にあげて、あとは処分してしまう。商売柄、経済関係の本も読むが、こうして捨てておけば溜ることもない。

アバウトにいきましょう。アバウトというのは、考えてみれば老人の知恵でもある。例えばヨーロッパのイタリア人は電車が三十分くらい遅れてもへっちゃらだ。フランスやイギリスでも、五分や十分の遅れなど日常茶飯事。日本人は、一分でも遅れたらギャーギャー騒ぐ。だから数分の遅れを取り戻すために、JR西日本の脱線事故のようなことが起こる。きちんと走らないのも悪いが、きちんと走り過ぎるのもよくない。これが大人の常識というものだ。

今、B級グルメが全盛だが、思うに日本は値下げ競争のやり過ぎだ。そこには必ずインチキがついてまわる。二百八十円で牛の生肉が食べられるわけがない。生肉なんて、上等なものを使わなくてはならないし、手間もかかる。

日本人は、常識を取り戻す必要がある。塩梅、加減といった、老人の知恵が必要だ。B級グルメもいいけれど、日本は高品質・高価格の農作物を世界に売っていかなくてはならない。京野菜のように、高級感やブランド戦略で勝負しないといけないのだ。中国人だって、日本の食材を食べたがる。

私もたまに外食をするときは、食材のいいものを食べるようにしている。日本料理の極意は、素材を活かすことにある。フレンチやイタリアンなどの欧米料理は、素材を殺してしまう。他国に攻め入り、征服しようというヨーロッパ人の発想だ。素材を活かし、いい塩梅の味付けをする。それは日本人の生き方にも通じる。これこそが老人の知恵だ。

後期高齢者になったら、ライフスタイルも変わってくる。老いは悲しむべきものではなくて、楽しむもの。アバウトに、よい塩梅、よい加減で生きられるように、考え方を変えるべきだ。いや、自分の経験からいえるが、変わってくるものだ。七十五歳まで生きたら、もう、川の流れのままに。

さらば、野球黄金時代

なでしこ優勝と野球少年

なでしこジャパンのサッカーW杯優勝（サッカーはワールドカップ優勝の方が五輪優勝より格が上）は、まさに快挙だった。ねばり強い戦い方はまさに日本の強みだが、日本人が不得意な「勢いに乗る」ということができたことはすごいことだと思う。

さて、私は夕方五時過ぎに、決まって散歩に出る。我が家の近くには、野球とサッカーが同時にできてしまうくらいの分不相応にでかい運動場がある。最近は、毎日のようにサッカー少年が練習をしている。野球のリトルリーグも練習しているが、こちらは土日だけだ。

いつとはなしに、サッカー少年たちに「将来は何になりたい？」と聞いてみた。「長友選手！」と即座に返ってきた。インテルの中心選手だ。もう一人は「本田選手！」。W杯躍進の立役者だ。「香川《かがわ》さん」という声もあり。サッカーには女子チームもある。この娘たちも、将来のなでしこジャパンを目指すのだろう。

こんな風景を見ているうちに、やや悲哀感めいたものがこみ上げてきた。野球の黄金時代は終わったのだ、と。

オールスターゲームのファン投票で、二〇一二年のトップは、パ・リーグが日本ハムの稲葉《いなば》選手でセ・リーグは阪神タイガースの鳥谷《とりたに》選手――まあうまい選手だが、スターの華やぎがない。野球人気の凋落を象徴している。

――今は昔、僕らは野球少年だった。敗戦後の貧しく、食べるものもろくにない時代だったが、野球という楽しみがあった。野球は敗戦から立ち直るバネになった。

放課後は、毎日野球に夢中になった。グローブは布製、バットは試合まで大事にしまっておいて、農家の親父さんがつくってくれた棒で我慢。メンバーが集まらないときは三角ベース。

母親が嘆いていた。「お前は妹や弟と違って、小学校時代に先生に一度も褒められたことがない」。成績は下の下近く。でも落ち込まなかった。僕には野球があるさ。

中学は、野球の名門・平安中学へ入学した。子ども心にも、プロ野球選手にはなれないことはわかっていた。せめて甲子園に行きたかった。

しかし、野球部に入って驚いた。京都、いや全国から野球の天才たちが集まっている。私程度の技量ではどうにもならない。たった三日で退部届けを出した。ピッチャーだった友人も、一カ月がんばって、やはり辞めた。

野球はあきらめて、高校は公立へ進んだ。高校三年生のとき、平安高校が甲子園に出場して観に行った。木村がいる、津久田がいる、西村がいる。同級生たちが、みんなレギュラーになっていた。この年は準決勝で負けたけれど、木村と津久田はプロ入りした。しかしプロでは大成しなかった。

やはり私は、プロ野球というものは天才集団だと思う。それに比べれば、東大京大合格なんて簡単だ。私でさえ、少し受験勉強をしたら京大に入れた。

私が大学を卒業したころは、東京六大学リーグが花形だった。立教大学はサード長嶋、キャプテンの本屋敷《もとやしき》、ピッチャーの杉浦《すぎうら》の最強チームだった。巨人の次くらいに人気があったのではないか。

いずれにせよ、その後の長嶋、王の活躍で、野球は全盛期を迎えた。テレビの視聴率は常に二〇パーセントを越えていた。

サラリーマン時代に、西宮《にしのみや》市の夙川《しゅくがわ》に五年ほど住んでいた。甲子園球場が近い。阪神の応援によく行った。「掛布《かけふ》のアホ！　岡やん、口開けるな！」と、親子でガラの悪い野次を飛ばしていた。

何十年かぶりで阪神が優勝したときは、一晩中『六甲おろし』を歌いながら踊っていた。

スポーツは多様化が大切

阪神・淡路大震災が起こったとき、イチローという天才的スターが突如として デビューして、世の中を明るくした。イチローのファンになって、なんとマリナーズの本拠地シアトルまで、仕事にかこつけて経済誌の編集者と一緒に行ったこともある。シアトルはボーイング社の企業城下町でマイクロソフト、スターバックスの本拠地でもある。

そのときは、取材が中心だったが、ほんとうはイチローが見たかった。実物のイチローを球場で見て驚いた。バットコントロールとバットスピードは球界一だろう。次は三冠王をとった落合《おちあい》か。しかも、守備力も全米ベストテンに入る。

そのイチローもうすぐ三十九歳になる。ピークは過ぎた。十一年連続のオールスター出場を逃した。名門ヤンキースで最後の挑戦をするが、それはともかくイチローの衰えと、名門インテルでの長友の活躍とW杯での本田の突進力。まさに野球黄金時代の終わりを感じる。

サッカーは、若い年齢層の厚さが違う。野球には若い世代のスターはいるが、スーパースターがいない。日韓W杯で、サッカーはその地位を確立した。サッカーは地域密着型。野球はまだ企業におんぶに抱っこの状態だ。

我々の世代は、一種の寂しさを感じるが、サッカーや野球、そしてラグビー、柔道や剣道など、スポーツは多様化することが、日本にとっていいことだと思う。スポーツの多様性こそ、豊かな成熟さのあらわれだから。

だから、サッカーはよくわからないけれど、サッカーと野球を一緒に観ていきたいと思っている。

東北の人と文化に学ぶ
――私の「東北礼賛」

平泉が世界遺産に選ばれてめでたい

奥州・平泉が世界文化遺産に選ばれた。誠にめでたいことだ。そこでひとつ、東北について知ったかぶりを披露してみたい。

平泉といえば、奥州藤原氏の栄華の地だ。藤原三代の清衡《きよひら》・基衡《もとひら》・秀衡《ひでひら》は、大量の金と良質の馬、そして海外貿易で栄華を築き、巨万の富を貯えた。財政的にも、文化的にも、京都と同等だったといえる。

京都の鞍馬《くらま》にくすぶっていた牛若丸、後の源義経を、藤原秀衡の意を受けた商人・金売吉次《かねうりきちじ》が密かに奥州に連れて行ったといわれる。藤原氏の棟梁《とうりょう》秀衡は、武士の正統な棟梁である源氏の血を入れたかったのだ。

西行法師は、藤原氏の親戚だった。西行は生涯に二度、奥州を旅した。一度目は二十七歳のとき。二度目はなんと六十九歳のときだ。これは僧侶の重源《ちょうげん》に頼まれて、焼失した東大寺の再建のために藤原氏に金の寄進を願いに行ったものだ。西行は喜んで引き受けて、奥州へと旅立った。途中、小夜《さよ》の中山《なかやま》（現在の静岡県）という難所で、新古今和歌集に入れられた「年たけてまた越ゆべしと思ひきや命なりけり小夜の中山」という歌を詠んだ。「年老いてから再び小夜の中山を越えようとは思ってもみなかった。これこそ、命あればこそだ」という意味だが、生きていることが、ただただありがたいという喜びを心から詠んだ歌だ。

秀衡が亡くなった後、奥州藤原王国は、武家政権として全国統一を目指す源頼朝の鎌倉幕府に滅ぼされる。源平合戦のヒーローだった義経を偲んだ東北の人々は、義経がモンゴルに渡ってチンギス・ハンになったという伝説を残した。

それから長い歳月が流れ、江戸時代。奥州を旅してきた芭蕉は、藤原氏栄華の跡地で「夏草や兵《つわもの》どもが夢の跡《あと》」と詠んだ。

さて、話は少し変わるが、江戸時代の名君といえば、あえて私が挙げるならば、初期なら会津《あいづ》藩の保科正之《ほしなまさゆき》、中期なら財政再建を成し遂げた米沢《よねざわ》藩の上杉鷹山《ようざん》、後期なら近代工業を興し、西郷隆盛や大久保利通らを育てた薩摩藩の島津斉彬《なりあきら》だ。いずれにしろ、東北が二人だ。

私は、保科正之に惹かれる。お堅い二代将軍徳川秀忠《ひでただ》が、嫉妬深いお江《ごう》さんの目を盗んで産ませた子で、三代将軍家光《いえみつ》の異母弟にして、会津藩の藩祖となった。朱子学を好み、長幼の序を尊び、礼儀を重んじ、弱いものいじめをしない……といったモラルを家臣に浸透させた名君だ。

それだけではない。会津こそ、どんなことがあっても徳川将軍家を支えよ、という遺訓を残した。会津藩は、幕末に朝敵《ちょうてき》となっても最後まで徳川家を守るべく戦い抜いた。

しかし、「百才あって一誠なし」といわれ、鳥羽伏見の戦いで敗れるや江戸に逃げ帰った腰抜け将軍徳川慶喜《よしのぶ》のために戦ったのではない。徳川二百七十年の名誉のために戦ったのだ。徳川の葬式をやってのけたといえる。

会津藩は、幾多の人材を輩出している。その中で私が一人だけ挙げるとすれば、柴五郎《しばごろう》だ。会津戦争で祖母・母・兄嫁・姉妹が自刃し、一家で青森の斗南《となみ》に移住するなど苦労を重ねたが、陸軍で頭角を現した。清国《しんこく》の義和団《ぎわだん》の乱では、六十日にもわたる籠城戦を指揮し、暴徒から各国の外交官たちを守り抜いた。その奮闘と戦術が賞賛され、世界のコロネル・シバ（柴中佐）と呼ばれ、各国から勲章を授与された。

会津藩からは離れるが、私は戦前の政治家の第一は、盛岡出身の原敬だと思っている。老害山縣有朋の権力が衰えるまで耐える強い忍耐力があり、集金力も抜群だったが、一銭たりとも私用していない。身辺の清潔さを生涯貫き通した。

太平洋戦争の終結に命を張った米内光政《よないみつまさ》も盛岡。敗戦の責を負って戦後は世に出なかった井上成美《しげよし》は仙台。天才・石原莞爾《かんじ》は山形・庄内の出身だ。私事で恐縮だが、サラリーマン時代に私をかわいがってくれたトップが、庄内藩の家老の家柄だった。背骨のしっかりした人だった。

東北出身のリーダーたちには、強靭な忍耐力が備わっている。「名こそ惜しめ」の精神が宿っていると感じる。

東北の文学にも粘り強い気質が感じられる

文学の世界では、宮沢賢治《みやざわけんじ》。死んでからなお人気が高まっていった藤沢周平。あと『吉里吉里人《きりきりじん》』の井上ひさし。みんな粘り強い東北人気質だ。

「清く、正しく、美しく」を地で行く宮沢賢治は、多少ガラの悪い私は敬遠していたが、最近、読み直してみようかと思っている。

私は伊達政宗《だてまさむね》の漢詩が好きだ。この前、何十年ぶりかで、会社のOB会に参加してきた。そのとき、心の中でこの漢詩を唸った。

「馬上少年過ぐ、世平らかにして白髪多し、残躯《ざんく》天の赦《ゆる》す所、楽しまずして是を如何《いか》にせん」（戦場に馬を馳せた青春の日々は遠く過ぎ去った。今や天下は泰平。俺の髪の毛はすっかり白くなった。何の因果か、戦国の世を生き延びたこの身だ。老後くらい好きに楽しまないでどうするのだ。天もゆるしてくれる）

ビジネス社会という戦場を駆けた日々は遠くなった。老後の楽しみはこれからだ。そして何より、東北の集団就職世代が、日本の高度経済成長を下から支えてくれたことに、感謝、感謝！

人生には「勝ち」も「負け」もない。それぞれの生き方があるだけ

会社を辞めて、幸せだったたか?

本書の最後を私事で始めるのは恐縮なのだが、私はサラリーマン時代は広告業界に身を置き、東京・大阪・名古屋と渡り歩き、昇進も、左遷も、単身赴任も経験した。四十七歳で会社を辞めて、作家兼経営評論家として独立し、それからずいぶんと長い年月が過ぎた。

久々に会社の同期会に参加した。もう、とっくに全員が定年退職している。会社では、今や本社のマーケティング局長時代の部下でヒラ社員だったた

男がトップになっている。

その会で、同僚たちから、「江坂さん、会社を辞めてよかったでしょう。勝ち組になってハッピーでしょう」といわれた。とんでもない。私には、そういう実感は毛頭ない。

会社を辞めたときは、役員待遇だった。おとなしく会社にいれば、専務くらいにはなれた、だろう。いや、我が性格をして、組織に馴染めないところがあったから、常務止まりだったか。

果たして、あのまま会社にいたら、どうなっていたか。どちらのほうが幸福だったか。それはわからない。

人は、二つの人生を歩むことはできないのだから、わかりようがないし、比較のしようがない。ただ、この歳になってわかるのは、会社の出世レースやマネーゲームは、確かに勝ち負けの世界であるということ。その典型的な例が、アメリカ社会の勝ち組・負け組というわけだ。

だが、実のところをいえば、勝ち組も負け組と同じように、心のどこかに不安を抱えている。勝ち組は、いつか自分が負けるのではないかという不安にたえず襲われ、果てはインチキビジネスやダーティなことに手を出してしまう。

一方で負け組は。自分はこのまま沈んだままなのかと不安に脅え、やけくそになって暴走したりする。

けれども、勝ち負けというものは、人生の一時のことでしかない。人生は勝ち負けなんかではないという気持ちを、しっかり持ってもらいたい。むろんサラリーマンであることを卑下することは何もない。

金持ちだけれど、人生の寂しさにさいなまれている老人もいれば、やや貧しいけれど、大手を振って人生後半を歩んでいる人もいる。定年後に仲間と小さな会社を立ち上げるような人もいる。

何かにつけて○○会社の役員だったと自慢している男は、近所だけでなく、家庭でも嫌われている。それでは、ますます自分を孤独に追い込むだけだ。このタイプの人は、老いてますます過去の輝きが消えていく。

以前にもいったことだが、私は伝教大師の「一隅を照らす これすなわち国宝なり」という言葉が大好きだ。社会の一隅にあって、黙々と自分にできることに精進する人こそ、国の宝である。

私の知っている人で、七十五歳を過ぎて、農業を続けている人がいる。武骨な男だ。私にも農業が国の柱だということがわかる。フランスは食料自給率が一〇〇パーセントだ。日本も六〇パーセントくらいにはしたいものだ。

漢詩《かんし》学会を立ち上げた元編集者もいる。まさに、人生それぞれ、人さまざまだ。人間、一隅を照らすだけで十分じゃないですか。「子曰く、学ビテ時ニ之《これ》ヲ習フ、亦説《またよろこ》バシカラズヤ。朋遠方《ともえんぽう》ヨリ來タル有リ、亦楽シカラズヤ」(論語)といっている。

確かなものがない世を懸命に生きる

東日本大震災の後、私は『平家物語』を読み直した。「祇園精舎の鐘の声　諸行無常の響きあり　沙羅双樹の花の色　盛者必衰の理をあらわす　おごれる人も久しからず　ただ春の夜の夢のごとし」……私は自分のことを、〝陽気な無常論者〟だと思っている。あの世は存在しないでしょう。この世にも確かなものは何もない。だからこそ、汗水流して何かをやっていく。これが大切だと思う。人生は、懸命に生きることが大切なのだ。

人生はそれぞれで、人もさまざまだ。浮き沈みの多いビジネスマン人生を送った人は、だからこそたくさんの思い出を胸に、定年後を生きていける。モノより思い出である。

足利尊氏《あしかがたかうじ》も織田信長も、「この世は幻のようなもの」といっている。私にもそんな情感があるが、そうはいいながらも、尊氏も信長も懸命に戦って人生を駆け抜けた。とはいえ、悔いのない人生などないし、無傷で生きられる人もいない。自分の人生も、まあ、捨てたものじゃないな、と思えれば御の字ではないだろうか。

繰り返すようだが、一代の英雄である豊臣秀吉は、人生の最期で「秀頼を頼む、秀頼を頼む」と家康たちに懇願し、老醜をさらしたけれど、「露と落ち　露と消えにし　我が身かな　浪速のことは　夢のまた夢」という一代の英雄らしい辞世の句を残している。

人生には生きがいなどはない。それぞれの生き方があるだけだ。会社や家族のために一生懸命に働くことに生きがいが感じられたのは、もう昔の話だ。今は、若い人も、老人も、それぞれがどんな生き方を選ぶかである。それぞれの生き方があるだろうし、人の数だけ人生がある。

人生は、勝ちか、負けかではない。どれだけ深く生きたかどうかである。私の人生も、なかなか捨てたものではないと思うことにしている。この程度で十分じゃないか。

本書は、二〇〇九年二月号〜二〇一一年一二月号まで『PHPほんとうの時代』に連載された「老いの徒然」に加筆・再編集したものである。

著者紹介
江坂　彰（えさか　あきら）
1936年（昭和11年）京都生まれ。京都大学文学部卒。大手広告代理店の幹部社員を経て独立。作家兼経営評論家。
著書に『冬の火花』『人材殺しの時代』『企業は変わる　人が変わる』『経営を見る眼　見抜く眼』（以上、文藝春秋）、『冬の時代の管理職』『「課長」の復権』（以上、講談社）、『三年後に笑う会社』（光文社）、『定年の迎え方』（PHP文庫）など多数。

PHP文庫　心軽やかに老いを生きる

2012年10月19日　第1版第1刷

著　者	江　坂　彰
発行者	小　林　成　彦
発行所	株式会社PHP研究所
東京本部	〒102-8331 千代田区一番町21 文庫出版部 ☎03-3239-6259(編集) 普及一部 ☎03-3239-6233(販売)
京都本部	〒601-8411 京都市南区西九条北ノ内町11
PHP INTERFACE	http://www.php.co.jp/
組　版	朝日メディアインターナショナル株式会社
印刷所 製本所	共同印刷株式会社

ISBN978-4-569-67891-7

定年の迎え方

江坂 彰 著

「定年」をどのように考え、どう迎えるか？ そのための知恵とテクニックを持っているか否かで、後の人生の実りが大きく違ってくる。

定価五〇〇円
（本体四七六円）
税五％

PHP文庫好評既刊

「食べない」健康法

石原結實　著

「食べないと健康に悪い」はもう古い！いまは「食べないから健康」が常識。医師やスポーツ選手が実践する超少食健康生活を紹介する。

定価五〇〇円
（本体四七六円）
税五％

PHP文庫好評既刊

なぜかボケない人の「ちょっとした」習慣

斎藤茂太 著

常にユーモアと好奇心を持ち、笑うことで脳を活性化させれば認知症など怖くない。人生の達人・モタさんによる楽しい老後の過ごし方！

定価五二〇円
（本体四九五円）
税五％

PHP文庫好評既刊

「ひとり老後」の楽しみ方

保坂　隆　監修

「孤立ではなく、自立を目指す」「がんばらないでなるべくラクをする」……など、一人暮らしの老後をエンジョイするための秘訣を公開。

定価六〇〇円
（本体五七一円）
税五％